ARKANA

W0357556

Buch

Die Menstruation ist eine Zeit der Einsicht und der inneren Fülle. Sie ist das Tor der Frauen zu sich selbst, zur tieferen Erforschung und Erkenntnis der eigenen Natur als weibliches Wesen. Gabriele Pröll zeigt, wie frau durch Rituale und Übungen aus »den Tagen« die besten Tage des Monats macht. Meditationen und vielfältige Informationen aus der Welt der Spiritualität und Mythologie machen deutlich, welchen Stellenwert die weibliche Menstruation in früheren Gesellschaften hatte. Das Buch richtet sich vor allem an Frauen, die ihr Wohlbefinden und Selbstwertgefühl während ihrer Tage stärken möchten, aber auch an diejenigen, die diese Zeit nutzen wollen, um ihre eigentlichen Sehnsüchte und Träume zu erkennen. Denn auch wenn Ihre Träume durch die gesellschaftlich vorgegebenen Verhaltensmuster verstellt sind, bieten die Tage der Menstruation in besonderer Weise die Chance, ihnen durch den Blick nach innen auf die Spur zu kommen. Gabriele Pröll eröffnet Ihnen neue Wege, sich in Zeiten erhöhter Sensibilität nicht nur verletzbar und verunsichert zu fühlen, sondern auch stark und selbstbewusst. Sie zeigt, wie Sie die Vorstellung von der »weisen Frau« als Leitbild nutzen können, um Ihre Tage besser in ihr Leben zu integrieren. Dazu bietet sie zahlreiche praktische Tipps zu »Menstruationsbeschwerden« und zur Sexualität während der Tage.

Autorin

Gabriele Pröll wurde 1959 in Oberösterreich geboren und lebt mit Mann und zwei Kindern in Wien. Nach ihrem Studium der Erziehungswissenschaften begann sie, als Lebensberaterin zu arbeiten und sich dabei zunehmend der Frauenforschung zu widmen. Als Beraterin zur Selbstheilung nach der Methode Wildwuchs® bietet sie Unterstützung bei allen Frauenbeschwerden an. Weitere Informationen im Internet unter: www.besthelp.at/proell

GABRIELE PRÖLL

DAS GEHEIMNIS DER MENSTRUATION

Kraft und Weisheit des Mondzyklus

ARKANA
GOLDMANN

Die Originalausgabe dieses Buches erschien 1999 unter
dem Titel »Meine Tage. Quelle weiblicher Kraft und Intuition«
im Verlag Hermann Bauer, Freiburg i. Br.

Umwelthinweis:
Alle bedruckten Materialien dieses Taschenbuches
sind chlorfrei und umweltschonend.

Vollständige Neuveröffentlichung Juni 2004

in der Verlagsgruppe Random House GmbH
Umschlaggestaltung: Design Team München
Umschlagfoto: Zefa/Masterfile
Satz: Barbara Rabus, Sonthofen
Druck: GGP Media, Pößneck
Verlagsnummer: 21676
WL · Herstellung: WM
Made in Germany
ISBN 3-442-21676-1
www.goldmann-verlag.de

1. Auflage

Inhalt

Dank

Bedanken möchte ich mich bei meinem Mann Helmuth Müller, bei meinen Kindern Momo und Pauli, aber auch bei meinen Freundinnen Barbara Keil, Dr. Ursula Lengauer; Magister Karin Rubay, Elisabeth Schiller, Anneliese Simburger und Magister Melanie Zeller. Sie haben mich fachlich und persönlich dabei unterstützt, dieses Buch zu schreiben. Ein großes Dankeschön geht an Frau Prof. Dr. Gertraud Diem-Wille für die Betreuung meiner Diplomarbeit, die als Basis für dieses Buch diente. Beim Verlag Hermann Bauer bedanke ich mich herzlich für die Übernahme des Manuskripts und die gute Zusammenarbeit. Insbesondere Erika Schuler-Konietzny und Sylvia Schaible möchte ich Dank sagen für ihr Interesse am Thema, ihr Engagement bei der Überarbeitung und die sehr gute Zusammenarbeit. Schließlich möchte ich mich noch bei Doris Iding für ihre inhaltlichen Ergänzungen bedanken.

Persönliches Vorwort

Meine erste Regel bekam ich mit 14 Jahren. Ich war sehr neugierig darauf, denn meine ältere Schwester hatte sie schon und machte immer ein großes Geheimnis daraus.

Endlich war es so weit! Meine Mutter ging mit mir in den dunklen, feuchten Erdäpfelkeller, drückte mir eine Monatshose aus Plastik und Netzstoff und eine Binde in die Hand und zeigte mir, was ich damit machen sollte. Dann sagte sie mir noch, dass ich jetzt jeden Monat bluten würde, und ging weg.

Da stand ich nun mutterseelenallein im dunklen Keller. Prompt überkam mich das Gefühl, dass die Periode wohl etwas Schlechtes, ja sogar Unreines war – etwas, was ich verstecken und wofür ich mich schämen musste.

Eine ganze Weile blieb ich damals im Keller und hoffte, dass sich mir dort neben der Scham auch noch etwas Geheimnisvolles, Großes und Wunderbares offenbaren würde. Aber nichts dergleichen geschah. Ernüchtert und enttäuscht lief ich dann zu meiner Schwester und hoffte, von ihr endlich das große Geheimnis zu erfahren – jetzt, wo ich ja schließlich auch dazugehörte zum Kreis der Frauen. Aber auch sie konnte mir keine Antwort geben.

Von jenem Monat an kam die Blutung regelmäßig wieder und gehörte einfach zu meinem Leben. Zwischen meinem 15.

und 17. Lebensjahr wurde die Menstruation für mich jedoch nicht nur zu etwas, wofür ich mich schämte, sondern löste jedes Mal auch noch starke Bauchkrämpfe aus. Die Schmerzen waren so heftig, dass ich nur noch das Bedürfnis verspürte, mich hinzulegen. Meine damalige Chefin konnte das jedoch nicht nachvollziehen und zeigte keinerlei Verständnis für meine Situation. So begann ich, Tabletten zu schlucken, statt meinem eigentlichen Bedürfnis nach Ruhe und Entspannung nachzugeben.

Es war mir nach wie vor peinlich, wenn jemand merkte, dass ich die Regel hatte. Ich fühlte mich ja immer noch schmutzig – und dieses Gefühl blieb über einen langen Zeitraum hinweg bestehen. Ein Gefühl, das viele junge Frauen heute glücklicherweise kaum noch nachvollziehen können. In dieser Hinsicht hat sich inzwischen also bereits einiges zum Positiven hin verändert.

Für mich wurde meine Blutung erst so Mitte dreißig wieder zum Thema. Damals begann eine Lebensphase, in der ich nach einer beruflich sehr engagierten Zeit ein grundsätzliches Bedürfnis nach mehr Rückzugsmöglichkeiten verspürte. Einerseits empfand ich einen immer stärkeren Druck, mich an männlich orientierte Normen anzupassen, und konnte Werte, die mir am Herzen lagen, nicht mehr ins Berufsleben einbringen. Immer öfter hatte ich das Gefühl, dass das nicht mehr meine Welt war. Andererseits wollte ich mehr Klarheit über meine eigenen, weiblich ausgerichteten Werte erlangen. Damit kam auch das Bedürfnis auf, mich selbst und meinen Körper mehr zu spüren.

Das Geheimnisvolle, auf das ich als junges Mädchen so sehnsüchtig gewartet hatte, eröffnete sich mir seitdem in kleinen Schritten. Ich begann, die körperlichen und seelischen Veränderungen, die ich vor und während der Blutung erlebte, bewusster wahrzunehmen. Dabei stellte ich fest, dass ich ein paar Tage vor meiner Menstruation oft gereizt, müde und angespannt war und mir alles gleich zu viel wurde. Schon Kleinigkeiten brachten mich dann schnell aus der Fassung, und ich spürte oft eine enorme Wut in mir aufsteigen, die mir manchmal sogar Angst machte. Zugleich war ich in dieser Zeit aber auch sehr empfindlich und fühlte mich oft depressiv oder traurig. Dann suchte ich häufig Trost, indem ich meinem Heißhunger auf Süßigkeiten nachgab.

Auch in den ersten beiden Tagen der Periode reagierte ich wesentlich emotionaler und gereizter als sonst. Meiner Familie gegenüber hatte ich zwar oft ein schlechtes Gewissen wegen meiner emotionalen Schwankungen, nahm aber auch eine unberechenbare Kraft in mir wahr, die mir jedoch Angst machte und die ich deshalb unterdrückte.

Kurz vor der Blutung hatte ich nämlich die intensivsten Träume und eindrucksvolle intuitive Erkenntnisse. Faszinierende Bilder taten sich mir auf, und ich bekam Zugang zu Teilen in mir, die mir bisher unbekannt waren. Diese intensive Öffnung nach innen, also gegenüber all den Botschaften und Kräften, die aus meinem Inneren aufstiegen, verstärkte sich während der Blutung meistens noch.

So war ich hin- und hergerissen zwischen der Unterdrückung der starken Kraft und den alten Schuld- und Schamgefühlen, die mir immer noch zu schaffen machten. Ab dem dritten Tag der Blutung fühlte ich mich dann irgendwie gereinigt und geordnet, und die emotionalen Wogen glätteten sich langsam wieder.

Je intensiver ich mich mit meinen Gefühlen während der Menstruation beschäftigte, desto interessanter wurde die Selbstwahrnehmung. Ich hörte auf, mich für meine emotionalen Schwankungen zu verurteilen, und begann, sie zu akzeptieren und einfach zu beobachten. Mein Bedürfnis, während der Blutung öfter allein zu sein, verstärkte sich, als mir die Vorgänge in dieser Zeit immer bewusster wurden. Ich nahm Dinge, Personen oder Situationen anders wahr. Je mehr ich in dieser Zeit zu mir selbst kam und bei mir blieb, desto weniger empfindlich reagierte ich auf die Außenwelt. Manchmal erlebte ich mich dabei im Gegensatz zu früher sogar als fast unverletzbar und sehr mächtig.

Ich hatte das Gefühl, alles auf einer feineren und intuitiveren Ebene wahrzunehmen – so, als wären all meine Sinne geschärft. Ich nahm mir die Zeit, mein Blut mit meinen Sinnen zu erfassen, fühlte mich nicht mehr schmutzig und entwickelte schließlich sogar eine hohe Achtung vor meinem Blut und vor meiner Weiblichkeit.

Inzwischen gelingt es mir immer besser, mich mit meiner Kraft zu verbinden. Ich erlebe die Menstruation als eine innere Wandlung: Altes stirbt ab und Neues entsteht. Die Menstruation ist für mich zu einem »inneren Leitfaden«, dem »roten Faden« zu mir selbst geworden. Meine Tage sind jetzt wirklich *meine* Tage: Sie geben mir die große Chance, mich gewissermaßen regelmäßig auf einer ganz tiefen Ebene »selbst zu treffen«, ganz zu mir zu kommen, über meinen Entwicklungsstand nachzudenken, Altes aufzuarbeiten und zu überprüfen, ob mein Leben stimmig ist. Je bewusster ich damit umgehe, umso klarer erkenne ich mich und kann innere Wandlungsprozesse auch selbst steuern.

So wurde die Menstruation für mich zu einer Zeit, in der ich mich innerlich sehr stark fühle. Das Gefühl, in etwas Größeres eingebunden zu sein, und das Vertrauen in meine Intuition, mein inneres Wissen, tragen ganz wesentlich zu dieser Kraft bei.

Der Situation damals im Erdäpfelkeller kann ich heute übrigens auch etwas Positives abgewinnen: Das feuchte, dunkle Klima im Keller entspricht in gewisser Weise auch dem »Klima« in meinem Unterleib. Ich fühle mich in meinem Bauch sehr »erdig«: So wie die Erde »Erdäpfel«, also Kartoffeln hervorbringt, können auch in meinen weiblichen Organen »Früchte« reifen. Die fließende Zeit der Blutung ist genau die Zeit, in der neue Samen für die eigene Entwicklung gelegt werden können.

Diese Erfahrungen und Erkenntnisse weckten meine Neugier auf alles, was zu diesem Thema schon geschrieben worden ist. Im Rahmen meines Studiums – Erziehungswissenschaften mit Schwerpunkt Erwachsenenbildung und Frauenforschung – machte ich mich dann auf die Suche. Zwei Jahre lang recherchierte ich: Ich las alles, was ich bekommen konnte, über die Verbindung der Menstruation mit Göttinnen, mit dem geheimen Wissen weiser Frauen und Heilerinnen und schrieb schließlich meine Diplomarbeit darüber. So erfuhr ich, welch hohe Bedeutung und Achtung der Weiblichkeit und der Menstruation in der Geschichte ursprünglich zukamen und wie sich diese Haltung im Laufe der Zeit allmählich grundlegend verändert hat.

Ich lernte uralte Riten zum Thema Menstruation kennen, entwickelte eigene Rituale und hatte bei all diesen Unternehmungen immer wieder überwältigende »Aha-Erlebnisse« und tiefe intuitive Erkenntnisse. So entstand in mir der Wunsch, dieses Wissen an andere Frauen weiterzugeben und ihnen von all den Geheimnissen zu erzählen, die ich auf meinem ganz persönlichen Weg zur Quelle der weiblichen menstruellen Macht entdeckt und ergründet habe.

Vielleicht findet ja die eine oder andere Leserin durch dieses Buch Zugang zu ihrer eigenen weiblich-kreativen Kraft, die oft von Regelbeschwerden verdeckt wird. Vielleicht kann sie ihre unbewussten und noch unkontrollierten Kräfte dadurch in konstruktive Bahnen lenken. Vielleicht sieht sie dann in ihrer Blutung nicht mehr nur ein monatliches Übel, sondern ein Privileg, das uns Frauen zuteil wird. Ein Privileg, das uns von Natur aus die Möglichkeit bietet, uns immer wieder an die tiefe weibliche Kraft anzuschließen, die jeder Frau innewohnt.

Einführung

> Wir glauben so lange nicht an uns, bis jemand uns zeigt, dass tief in uns etwas wertvoll ist, etwas, das unser Zuhören wert ist, das unser Vertrauen verdient, das unserer Berührung heilig ist. Wenn wir einmal an uns selbst glauben, können wir Neugier wagen, Staunen, spontanes Entzücken oder jede Erfahrung, die den menschlichen Geist offenbart. *E. E. Cummings*[1*]

Insgesamt nimmt die Blutung etwa sechs Jahre im Leben einer Frau in Anspruch: Jede Frau hat ungefähr fünfhundertmal die Regel. Es gibt leider auch heute noch Frauen, die sich sechs Jahre ihres Lebens unwohl fühlen und das einfach als gegeben hinnehmen. Sie fühlen sich krank, nehmen Medikamente und betrachten die Menstruation als etwas, das sie nun einmal erdulden und erleiden müssen. Oft bluten diese Frauen heimlich und einsam und versuchen, sich möglichst nichts davon anmerken zu lassen. Menstruation ist also immer noch ein peinliches Thema, das erst ganz langsam Einzug ins Bewusstsein der Öffentlichkeit hält.

Die Blutung der Frau wurde lange Zeit als etwas Unreines und Krankhaftes angesehen. Philosophie, Wissenschaft, Kir-

* Anmerkungen siehe Seite 270.

che und Medizin haben ein eher negatives Bild von der Menstruation geprägt und vermittelt. Viele Frauen haben diese Einstellung unbewusst übernommen, verinnerlicht und an ihre Töchter weitergegeben. Folglich haben Frauen ihre Blutung lange Zeit versteckt und versucht, sich so zu fühlen und so zu sein wie an allen anderen Tagen auch.

Somit wurde die Menstruation über einen langen Zeitraum hinweg als Tabu betrachtet: Menstruierende Frauen wurden sowohl gesellschaftlich als auch sexuell tabuisiert. Ursprünglich stammt das Wort *tabu* aus dem Polynesischen und bezeichnet etwas, das eine besondere Kraft, nämlich *mana* in sich trägt und daher heilig oder unberührbar ist. Eine Person gilt dann als tabu, wenn sie von dieser Kraft erfüllt oder ihr völlig unterworfen ist. Im ersten Fall wird sie als heilig, im zweiten als unrein und gefährlich angesehen.[2]

Dass menstruierende Frauen im negativen Sinn als tabu betrachtet wurden, war nicht immer so. Über einen langen Zeitraum hinweg, von etwa hunderttausend bis ein paar tausend Jahren vor Christus, hatten Weiblichkeit und Menstruation einen hohen Stellenwert, und die Zeit der Periode galt als eine besondere Zeit im Leben einer Frau. Zahlreiche Mythen und Funde zeugen noch heute weltweit von einer ehemals hohen weiblichen Kultur. Unzählige Göttinnenfiguren, rot bemalte Gegenstände wie Töpfe und Gefäße und weibliche Symbole, Kalender und Malereien weisen auf die ursprüngliche Bedeutung von weiblicher Körperweisheit, Zyklus und Menstruation hin.

Ganz im Gegensatz zu diesen frühen Zeiten wird die

Menstruation in unserer heutigen Gesellschaft oft eher als lästiges Übel und Zeichen von Schwäche betrachtet. Eine menstruierende Frau kann also – wie früher – als stark, geheimnisvoll und mächtig, aber auch als schwach oder sogar »minderwertig« und »unrein« angesehen werden. Hin- und hergerissen zwischen diesen beiden Polen, sollte eine Frau lernen, sich von derartigen gesellschaftlichen Vorurteilen zu lösen, und sich wieder mit der *eigenen ursprünglichen Kraft* der Menstruation verbinden.

Dieses Buch will Ihnen eine positive Annäherung an das Thema »weibliche Blutung« ermöglichen. Das erste Kapitel wird Sie mit der ursprünglichen Macht und Verehrung der Menstruation vertraut machen. Im zweiten Kapitel werden Sie dann in groben Umrissen erfahren, wie es im Laufe der Geschichte zu einer Umkehr der eigentlichen Bedeutung gekommen ist. Vielleicht fällt es Ihnen mit dem Wissen um die Stellung der menstruierenden Frau in der Vergangenheit leichter, sowohl unser heutiges gesellschaftliches als auch Ihr eigenes Verhalten zu verstehen. Die geschichtliche Darstellung des Aufstiegs und Niedergangs der weiblichen Kultur kann uns allen – Männern wie Frauen – verdeutlichen, warum wir heute oft so verschlossen auf Themen wie die tiefe heilende Kraft der Frau, ihre Menstruation und ihr Blut reagieren. Denn vielleicht gehören Sie ja auch zu den Frauen, die unbewusst ein Gefühl der Schuld und Scham im Hinblick auf ihre Weiblichkeit und ihre Menstruation verspüren, aber niemals wussten, wie sie diese Empfindungen benennen sollten.

Im dritten Kapitel finden Sie Anregungen für einen konstruktiven, »eigenmächtigen« und selbstverantwortlichen Umgang mit Menstruationsbeschwerden. Das vierte Kapitel zeigt Möglichkeiten auf, wie Sie zu Ihrem eigenen Wesenskern, Ihrer ganz persönlichen Quelle weiblicher Kraft vordringen können. Im fünften Kapitel geht es dann um Partnerschaft und einen gemeinsamen Weg zur weiblichen Fülle.

Zahlreiche Übungen, die sich wie ein roter Faden durch das ganze Buch ziehen, machen es zu einem modernen Handbuch, das Sie über einen längeren Zeitraum auf Ihrer Entdeckungsreise zu Ihrer ursprünglichen Weiblichkeit begleiten kann.

Sie werden auch immer wieder Anregungen finden, mit Ihren Geschlechtsorganen Kontakt aufzunehmen, sozusagen mit ihnen zu »kommunizieren«. Das mag für viele eher ungewöhnlich oder sogar belustigend klingen, aber es ist tatsächlich so, dass Organe eine Art »Eigenleben« haben und gewissermaßen auch »fühlen« können. Ein noch junger Wissenschaftszweig, die »Psychoneuroimmunologie«, untersucht, wie unsere Gefühle, Gedanken und Lebenseinstellungen auf unseren Körper und die einzelnen Organe einwirken. Wissenschaftler sprechen bereits von einer Art »Bauchhirn«, das wiederum unser Denken beeinflusst. Stellen Sie sich das einmal vor: Unsere inneren Organe haben ein eigenes Nervensystem, sind umhüllt von vielen Millionen Nervenzellen. Die Organe leben und geben uns Informationen, indem sie sich zum Beispiel durch Schmerzen bemerkbar machen. Vielleicht können Sie sich ja mit dieser neuen Sichtweise anfreunden und auf Ihre ganz persönliche Weise versuchen, mit Ihrem Körper und Ihren Organen Kontakt aufzunehmen.

Die praktischen Anregungen und Übungen in diesem Buch können Sie allein, aber auch zusammen mit Ihrem Partner oder Ihrer Partnerin umsetzen. Lassen Sie den Menschen, der Ihnen am wichtigsten ist, direkt und unmittelbar an Ihrer Entwicklung teilhaben. Sie können sich auch im Kreis von Freundinnen mit dem jeweiligen Thema auseinander setzen – das kann Ihnen viel Stärke und Kraft vermitteln.

Vielleicht gelangt auch der eine oder andere Mann, der dieses Buch in die Hand nimmt – weil er seine Frau und ihren Zyklus besser verstehen möchte –, zu einer anderen Sichtweise und einem neuen Verständnis von Weiblichkeit. Es kann für beide Seiten ein tief greifendes Erlebnis sein, diesen Weg gemeinsam zu gehen.

Noch ein wichtiger Punkt: Es geht mir in diesem Buch in keiner Weise darum, Frauen politisch oder ideologisch in eine bestimmte Richtung zu drängen – ganz im Gegenteil. Wenn also zum Beispiel das Ruhe- und Rückzugsbedürfnis von Frauen während ihrer Tage angesprochen wird, hat das noch lange nichts mit altbekannten Ideologien im Stil von »Frauen zurück an den Herd« zu tun. Es geht mir dabei ausschließlich darum aufzuzeigen, dass Frauen nun einmal nicht jeden Tag gleich »funktionsfähig« sind (das gilt aber auch für Männer), sondern regelmäßig verschiedene zyklische Phasen durchleben, die jedoch alle ihre ureigenen Qualitäten und Stärken haben. Die besondere Zeit der Menstruation kann von Frauen also auch genutzt werden, um ihre damit verbundene Kraft und ihre Fähigkeiten im beruflichen Bereich klarer zu erkennen und auf diesem Weg in die Gesellschaft einzubringen.

Ich habe jedoch großes Verständnis für Frauen, die einfach nicht die Zeit finden, sich auch noch ausgiebiger mit ihrer Menstruation zu beschäftigen – schließlich weiß ich ja selbst, wie schwierig das heutzutage ist. Dieses Handbuch verstehe ich daher als eine Art Angebot, aus dem Sie sich das herausgreifen können, was für Sie ganz persönlich stimmt – alles andere lassen Sie einfach weg.

Wenn Sie jetzt ein bisschen neugierig geworden sind, möchte ich Sie gern gleich dazu verführen, sich mit mir zusammen unsere weiblichen Wurzeln, die zugleich auch unsere göttlichen sind, einmal näher anzuschauen.

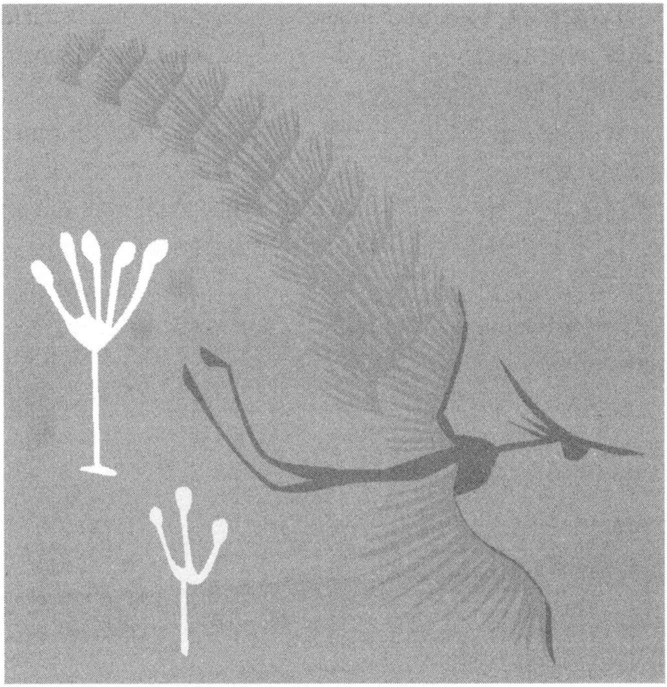

Am Anfang war die Göttin

Das älteste Orakel in Griechenland, das der Großen Mutter Erde, des Meeres und des Himmels geweiht war, wurde Delphi (von Delphys) genannt, was die Gebärmutter bedeutet.

Barbara Walker

Um Ihnen die Kraft, von der im Titel dieses Buches die Rede ist und die in jeder Frau schlummert, ein wenig näher zu bringen, möchte ich Sie zum Einstieg gleich mit einigen Göttinnen bekannt machen: mit großen, namhaften Göttinnen, die wegen ihres Menstruationsblutes, ihres Wissens und ihrer Weisheit verehrt wurden.

Am Anfang war die Göttin, die »Große Göttin«. Sie wurde in fast allen Ländern der Erde unter unzähligen Namen als höchste Gottheit verehrt. Ihre Geschlechtsorgane wurden angebetet, und ihr monatlicher Zyklus galt als ihr zentrales Wesen, wodurch sie zur Göttin über Leben und Tod wurde.

Zahlreiche Schöpfungsmythen erzählen von der Geburt der Erde und der Menschen durch die Göttin. Selbst im Schöpfungsmythos im ersten Buch Mose, der Genesis, entsteht das Leben auf der Erde aus einem Ei der Göttin.[1]

Die Göttin war immer gegenwärtig und ihre Weiblichkeit heilig. Das weibliche Prinzip spiegelte sich überall in den

Gut zu wissen

Die Göttin wurde auf der ganzen Welt unter den unterschiedlichsten Namen verehrt, enthielt aber in ihrer Essenz überall das Gleiche: die Macht der heilenden weiblichen Kraft. In Indien nannte man sie Shakti, im Mittelmeerraum hieß sie Innana oder Istar. Sie verkörperte den weiblichen Zyklus, der für den Kreislauf von Leben und Sterben, den Kreislauf der Natur sowie für den Zyklus jeder Frau steht.

Zyklen der Natur, wie etwa den Jahreszeiten, dem Mondzyklus und Ebbe und Flut, wider. Die Menschen erahnten die weibliche göttliche Kraft überall, verehrten sie und beteten sie beispielsweise als Mondgöttin, als Mutter Erde, manchmal aber auch in Form eines Tieres an.

So wurde zum Beispiel das Wildschwein als heiliges Tier der menstruierenden Frau verehrt, was an zahlreichen alten Bildern deutlich wird, auf denen Schweinegöttinnen abgebildet sind. *Hys* ist das griechische Wort für Schwein, *hystera* bedeutet Gebärmutter. Dem entspricht das lateinische Wort *sus*, das auf Mittelhochdeutsch wiederum *Sau* heißt.[2]

Weibliche Weisheit

Die einstige Verehrung der Weisheitsgöttinnen, die symbolisch für die weibliche Weisheit und Kraft standen, wird an der griechischen Göttin Athene, der ägyptischen Isis, der jüdischen Schechina und der gnostischen Sophia besonders deutlich.

Athene – die Göttin der Weisheit

Athene, die griechische Göttin des Krieges und der Weisheit, war bekannt dafür, dass sie – obwohl sie ihren Gegnern immer überlegen war und sie besiegte – Streitigkeiten möglichst vermied und bemüht war, jede Auseinandersetzung zu schlichten. Ihre Weisheit hatte ihren Ursprung vor allem in ihrem Bauch, in ihrer Gebärmutter. Sie erfasste eine Situation also nicht nur aus der Logik heraus, sondern über innere Bilder und starke Gefühle, die sie stets dazu anhielten, das Richtige zu tun.

Der Name *Athene* sowie ihr Doppelname *Pallas Athene* bedeutet so viel wie »Vulva-Vulva«. Das Geschlecht von Athene residierte in »Delphi« – dieses Wort ist verwandt mit *delphys*, einem alten Begriff für Gebärmutter. Die Tempel der Pallas Athene, die noch im 3. Jahrhundert vor Christus in allen Gegenden Griechenlands zu finden waren, sollen Zentren des Menstrualkults gewesen sein. Was bei diesem Kult im Einzelnen geschah und wofür die Fundstücke verwendet wurden, die mit Menstruationsblut bestrichen waren, sowie der genaue Ablauf der kultischen Waschriten von blutroter Wäsche in den Tempeln ist leider nicht genau bekannt.

Isis – die Himmelsgöttin

Isis gilt als die bekannteste ägyptische Göttin und wurde als universelle Erdmutter, als Göttin der immer wiederkehrenden Fruchtbarkeit, als Himmelsgöttin und als liebende Mutter verehrt. Ihr wurden große magische Kräfte nachgesagt, und die Ägypter glaubten, dass sie auch in der Lage war, sich in lebenden Frauen, wie zum Beispiel in Königin Kleopatra, zu inkarnieren.

Auch Männer verehrten die Göttin Isis und schätzten die Kräfte des weiblichen Körpers, der weiblichen Geschlechtsorgane und insbesondere des Menstruationsblutes. Das »Blut der Isis« wurde zum Beispiel von ägyptischen Pharaonen in der Hoffnung getrunken, heilig und mächtig zu werden.[3]

Der Leib der Isis galt als Quelle der göttlichen Erfahrung und Erkenntnis. Auch die Frauen, in denen sie sich inkarnierte, wurden als besonders weise betrachtet. Sie hielten monatliche »Weissagungen« ab, die eng mit der sensiblen Zeit der Menstruation und den entsprechenden Zyklen der Natur zusammenhingen.

Weiterhin galt Isis auch als Heilerin aller Krankheiten. Die Menschen glaubten, dass sie in ekstatischen Zuständen als »Einfahrende« in den eigenen Leib erlebt werden konnte.

Schamaninnen und Priesterinnen, die in ihrem Sinne heilten, wiesen Anwärterinnen auf die Priesterschaft in die magischen Kräfte des eigenen Leibes ein. Der Weg der Erkenntnis führte somit über den eigenen Körper und das Wissen, das diesem innewohnt.[4]

Später breitete sich der Isiskult über weite Teile Europas aus. Erst im 5. Jahrhundert nach Christus wurde er zurückgedrängt, bzw. durch die Jungfrau Maria ersetzt und somit gewissermaßen in das Christentum integriert.

Schechina – die weibliche Seele Gottes

> »Wer niemals die Kraft leidenschaftlicher Liebe zu einer Frau erfahren hat, wird niemals zur Gottes-Liebe gelangen.«
>
> *Rabbi Eliahu di Vidas*

Schechina, die als eine Überlieferung der gnostischen Sophia gilt und die jüdisch-kabbalistische Variante der hinduistischen Göttin Shakti darstellt, wird auch als »die weibliche Seele Gottes« bezeichnet. Dieser Überlieferung nach konnte Gott erst nach einer geschlechtlichen Vereinigung mit Schechina Vollkommenheit erreichen. Die Kabbalisten glaubten sogar, dass alles Böse allein dadurch entstanden sei, dass Gott seine Schechina verlassen habe.[5]

So betrachteten die Kabbalisten des älteren Judentums den Liebesakt als eine Begegnung zwischen dem Mann und der Göttin Schechina und verehrten den weiblichen Körper entsprechend. Diese Begegnung wird durch sexuelle Magie – die Vereinigung des Mondes (der Frau) und der Sonne (des Mannes) – ermöglicht; es kommt zur Vereinigung der männlichen und weiblichen kosmischen Prinzipien.

Der Liebesakt mit dem »heiligen weiblichen Leib« wurde zu etwas ganz Besonderem. Am Vorabend des Sabbat vereinigten sich Mann und Frau, und die »Aura« der Schechina war im ganzen Haus spürbar. Der Sabbat, der Samstag, galt ebenfalls als heiliger Tag, an dem der Mann nicht arbeiten durfte, um die »Nachglut« der Göttin in seinem Körper wirken zu lassen. Dieser Sabbat war ursprünglich auch der Tag, an dem die Göttin menstruierte, und wird heute noch in Hexenkulten als »Hexensabbat« gefeiert.

Sophia – der Geist weiblicher Weisheit

> Im Trattato Gnostico stand geschrieben,
> dass Sophia die Mutter Gottes sei,
> »die große, ehrwürdige Jungfrau,
> in welcher der Vater seit Anbeginn verborgen war,
> noch ehe er etwas erschaffen hatte«.[6]

Sophia war der Mittelpunkt der Erkenntnisbewegung, die etwa 200 vor Christus begann. Ihre Anhänger glaubten, dass Sophia die Welt geboren habe, und führten verschiedene Rituale durch, um zur göttlichen Erkenntnis zu gelangen. Die Gnostikerinnen pflegten ihre Mysterien in eigenen Tempeln und Kultstätten; dort opferten sie der Göttin zum Beispiel nackt ein Mutterschwein oder beteten die Vulva, das Sinnbild der weiblichen Fruchtbarkeit, an.

Es gab unter ihnen Gruppen, die die »Lichtwerdung des Leibes« durch die sexuelle Vereinigung von Mann und Frau initiierten, wieder andere sammelten »Lichtsamen der Sophia« in Form von Menstrualblut. Diese Lichtsamen wurden als konzentrierte kosmische Energie angesehen und verehrt.

Die Menschen, die zu Zeiten der Göttinnen lebten, wussten, wie eng der weibliche Körper durch den monatlichen Zyklus mit der Göttlichkeit verbunden war. Sie schätzten diese Fähigkeit und glaubten, dass aus dieser Verbindung die Weisheit geboren werde. So bedeutet das griechische Wort *sophia* so viel wie »Weisheit« und steht für ein umfassendes, sinnlich erfahrbares konkretes Wissen. »Sophia« war der Beginn von »Philo-sophie«. Die weibliche Weisheit kam nicht nur durch Worte, sondern auch durch innere Bilder und die eigene Intuition, deren Sitz man in der Gebärmutter vermutete, zum Ausdruck. Dieses bildliche Denken, eine uralte weibliche Form des Denkens, wird ebenso wie die Intuition der rechten Gehirnhälfte zugeordnet, die wiederum der linken Körperhälfte entspricht.

Später bekam der »Logos«, der männliche Verstand, immer mehr Bedeutung. Der Logos verdrängte schließlich die Göttin, die Frau und somit die weiblichen Weisheit aus ihrer Vormachtstellung. An Intuition wurde nicht mehr geglaubt, innere Bilder wurden nicht mehr ernst genommen. Selbst heute werden sie leider oft noch als »Einbildung«, der man nicht trauen kann, abgetan. Dafür wurde dem Verstand – in erster Linie dem männlichen – eine zentrale Bedeutung beigemessen.

Die dreifaltige Göttin

Eine weitere Göttin, die hier nicht fehlen darf, ist die sogenannte »dreifaltige Göttin«. Sie wurde in der Frühgeschichte als Urgöttin verehrt. Das Christentum übernahm das Bild der Dreifaltigkeit, und so entstand schließlich das männliche Gottesbild des Vaters, des Sohnes und des heiligen Geists. Die ursprüngliche Dreifaltigkeit repräsentiert in archaischen Mythen jedoch die drei Phasen der Weiblichkeit: die der Jungfrau, die der fruchtbaren Frau oder Mutter und die der weisen alten Frau. Diese drei Phasen, also die Dreifaltigkeit, spiegeln sich im Aufbau, der Fülle und dem Abbau des Blutes in der Gebärmutter wider.

Die erste Phase ist die der jungen Frau, auch Jungfrau genannt, die bis zur ersten Menstruation dauert. Ihr wird die Farbe Weiß zugeordnet, im Zyklus entspricht sie dem Aufbau des Blutes in der Gebärmutter. Die junge Frau verkörpert den zunehmenden Mond sowie den Frühling, also die Zeit des menschlichen und natürlichen Zyklus, in der alles wächst und gedeiht.

Die zweite Phase, die der fruchtbaren Frau, reicht bis zu den Wechseljahren. Ihr entspricht die Farbe Rot; im Zyklus steht sie für die Fülle des Blutes in der Gebärmutter. Die fruchtbare Frau repräsentiert den Vollmond und die Sommerzeit, in der alles reift und die Ernte eingebracht wird.

Die dritte Phase, die der alten Frau, dauert von den Wechseljahren bis zum Tod. Ihr wird die Farbe Schwarz zugeordnet; sie entspricht dem Abbau des Blutes, also der Menstruation. Die alte Frau verkörpert den abnehmenden Mond, den Spätherbst und den Winter, also die Zeit der Unfruchtbarkeit, in der sich alles ins Erdinnere zurückzieht.[7]

Gut zu wissen

Die Zahl Drei in ihren verschiedenen Erscheinungsformen wie dem Dreieck oder der Dreifaltigkeit symbolisiert ebenso wie der Kreis das weibliche Prinzip schlechthin. Zusammen mit der Vier, dem Symbol für die Männlichkeit, erreicht die Drei in der Zahl Sieben die Vollkommenheit.

All diese Göttinnen können uns Frauen dazu anregen, das männlich geprägte und von außen vorgegebene Bild eines unreinen und kranken Körpers abzustreifen und wieder zu den Ursprüngen der weisen Weiblichkeit zurückzukehren. Es geht nicht darum, den männlichen Logos abzuwerten, sondern darum, Männliches und Weibliches, Logos und Sophia miteinander in Einklang zu bringen.

Die Göttinnen, wie auch immer sie heißen mögen, können Ihnen als Symbol dafür dienen, wieder Zugang zu Ihrer eigenen weiblichen Kraft zu finden, die jeder Frau innewohnt. Denn die Kraft, von der in diesem Buch noch häufig die Rede sein wird, ist sehr eng mit intuitiver Wahrnehmung, mit inneren Bildern und Erkenntnissen verbunden. All die beschriebenen Göttinnen hatten diese Art von Zugang zu einem universellen Wissen.

»Intuition« bedeutet Eingebung, ahnendes Erfassen, Erkenntnis ohne wissenschaftliche Einsicht, Schauen und ganzheitliches Erfassen, nicht durch Denken erworbene Erkenntnisse.[8] Diese Art von Wissenserwerb ist eine zutiefst weibliche, die uns in Bereiche vordringen lässt, die weit über ein individuelles und vernunftmäßiges Wissen hinausgehen. In uns allen ist weit mehr Wissen gespeichert, als uns normalerweise bewusst ist. Vernunftdenken und wissenschaftliches Denken sind nur begrenzte Teilbereiche, die in unserem Kulturkreis jedoch all die anderen Möglichkeiten massiv verdrängt haben.

Wir können an diesem universellen Wissen aber wieder teilhaben, wenn wir erst einmal einen Zugang dazu gefunden haben. Die Göttinnen, die ja unsere weiblichen Wurzeln verkörpern, sind in uns allen lebendig und können uns dabei helfen. Probieren Sie es doch einfach einmal aus!

Göttinnen und andere spirituelle Wesenheiten stehen uns allen zur Verfügung – wir müssen sie nur rufen. Wenn Sie den Wunsch nach solch einem inneren Kontakt verspüren, gehen Sie dem nach, und rufen Sie nach einer »inneren Beraterin«. Es muss auch keine Göttin sein; vielleicht taucht ja eine ganz andere Person vor Ihrem inneren Auge auf: eine Ahnin, ein

Das können Sie tun:

Schließen Sie jetzt einmal die Augen und versuchen Sie, eine der beschriebenen Göttinnen vor Ihrem inneren Auge heraufzubeschwören. Stellen Sie sich vor, dass sie ein Spiegelbild der weiblichen Kraft darstellt, die auch in Ihnen wohnt und Ihnen über Ihre Intuition immer zugänglich ist.

Wie geht es Ihnen bei der Vorstellung an dieser Urkraft teilzuhaben, immer wieder darauf zurückgreifen zu können?

Können Sie die Kraft und die Stärke der Weiblichkeit, die diese Göttin verkörpert, auch in sich selbst spüren?

Versuchen Sie, sich jeden Tag einige Minuten Zeit zu nehmen, um mit dieser Kraft in Kontakt zu kommen.

Engel oder jemand ganz anderer. Wenn Sie Ihre innere Göttin oder Beraterin erst einmal gefunden haben, können Sie sich immer wieder an sie wenden und Zwiesprache mit ihr halten. Auf diese Weise werden Sie leichter Zugang zu Ihrer Intuition finden.

Die Schätze der Weiblichkeit

Neben der weiblichen Weisheit wurde in vielen Kulthandlungen auch der weibliche Körper – insbesondere die Gebärmutter, die Vulva und die Menstruation mit ihrem Blut – als heiliger Aspekt der Göttin und Frau verehrt. Auch die weibliche Brust als Sinnbild für Nähren und Genährtwerden stand in hohem Ansehen. In manchen Traditionen, wie etwa im Taoismus und im Tantra, kommt diese Verehrung der Frau noch heute zum Ausdruck.

Wie groß die Verehrung der Frau einst war, zeigen Ausgrabungen von Schreinen, Reliefs und Figuren von Göttinnen mit rot bemalter Vagina, Brüsten und anderen Symbolen der Weiblichkeit. So finden wir in Spanien, Frankreich und im Mittelmeerraum, in Osteuropa, Russland und im Nahen Osten Figuren, die aus Ton und Asche geformt und gebrannt oder aus Knochen, Horn und Elfenbein geschnitzt worden waren.[9] Die Archäologin *Marija Gimbutas* hat die vielen Variationen von Gefäßen, vulvischen Schalen und Kesseln, Göttinnenfiguren, weiblichen Idolen, Symbolen für Fruchtbarkeit, Blut und Geburt, aber auch weibliche Macht dargestellt.[10] Der letzte große Fund wurde erst in den sechziger Jahren des vorigen Jahrhunderts in Catal Hüyük in der Türkei gemacht. Die Blütezeit der dortigen Kultur lag etwa zwischen 6500 und 5700 vor Christus. Besonders interessant ist, dass dort über acht Jahrhunderte hinweg anscheinend weder Kriege geführt noch Waffen hergestellt wurden: Nichts an diesen Funden deutet auf irgendeine Form von Gewalt hin.

Die Verehrung der Gebärmutter

Die Gebärmutter wurde in den alten Kulturen der Welt hoch verehrt und bildreich beschrieben. Sie hatte viele Gesichter und Namen.

In der chinesischen Tradition zum Beispiel hieß sie »Blutsee«, »schützender Palast« oder »himmlischer Palast« und wurde in früheren Zeiten als eine Art selbstständiges Wesen betrachtet. Sie wurde etwa mit einem wilden Tier verglichen, das sich lustvoll bewegt: Im ekstatischen Lustrausch öffnet es seinen Mund (Muttermund), um den Samen zu verschlingen. Dieser Vorgang wurde mit so unvergleichlich tiefer Lust erlebt, dass der ganze Körper bebte.[11]

Gut zu wissen

Neben der großen mythologischen Bedeutung, die der Gebärmutter in vielen Traditionen beigemessen wurde, gilt sie auch als das zentrale Organ der Weiblichkeit schlechthin. Sie ist das wichtigste Organ des Fruchtbarkeitszyklus, da in ihr neues Leben entsteht; Organ des sexuellen Lustempfindens, weil die Orgasmuswellen bis in die Gebärmutter hineinreichen können, und Produktionsstätte des Menstruationsblutes sowie des Zervixschleims, der neben anderen Sekreten dafür sorgt, das Gebärmutterhals und Scheide feucht und gesund bleiben.

Aber auch im westlichen Teil der Welt wurde die Gebärmutter verehrt. Hier wurde sie mit dem Bauch von Mutter Erde gleichgesetzt und durch Höhlen symbolisiert. Aus diesem Grund galten bestimmte Höhlen damals als heilig und wurden von frühester Zeit an als Orte symbolischer Wiedergeburt und Schauplätze für weibliche Rituale aufgesucht.

In vorchristlicher Zeit wurde die Gebärmutter als Kessel dargestellt. So bewahrten zum Beispiel die Kelten den magischen Kessel der Wiedergeburt auf dem Meeresgrund auf. Von dort wurde er von »Bran, dem Gesegneten« jedes Mal hervorgeholt, wenn Männer während einer Schlacht umgekommen waren, um sie wieder zum Leben zu erwecken. Dieser Kessel stellte die Gebärmutter der Großen Göttin dar. Die Menschen waren fest davon überzeugt, dass sie nur durch diesen Kessel wiedergeboren werden konnten. Diesem Gefäß wohnte in ihren Augen die Magie inne, sie neu erschaffen zu können.[12]

Mit der Verbreitung des Christentums wurde den Helden verboten, Kessel zu heiligen Kulten mitzunehmen. Aber in manchen Gegenden wurden solche Rituale im Geheimen dennoch über viele Jahrhunderte hinweg weiter durchgeführt, wie zum Beispiel in Schottland. Noch im Jahre 1791 wurde eine heilige Höhle mit einer Quelle in der Nähe des Ortes Dunksey für magische Heilbehandlungen aufgesucht. Die Menschen kamen beim Mondwechsel dorthin, um in den »Wassern der Gebärmutter« zu baden.[13]

Auch in der Verehrung des Brunnens kam die Bedeutung der Weiblichkeit zum Ausdruck. Im Mittelalter stellten sich die Geistlichen jedoch gegen diese Rituale, da es sich dabei offenkundig um einen sexuellen Akt handelte, der das weibliche Prinzip feierte. Sie spürten, wie stark der Volksglaube noch immer war, was ihrem christlichen Missionierungswunsch ganz und gar nicht entsprach. Im Gegensatz zu denjenigen, die an die Kraft der »heiligen Brunnen« glaubten und dort Fruchtbarkeit zu erlangen suchten, bezeichnete die Kirche solche Plätze daher als »teuflische Fotze«.[14]

Auch heute noch steht an wichtigen Stätten, in Parks oder im Zentrum eines Ortes, oft ein Brunnen, der die Gebärmutter symbolisiert. Solch ein Brunnen stellt einen Mittelpunkt dar, der dem Ort Kraft und Ruhe zugleich verleiht.

Das können Sie tun:

Nachdem Sie nun erfahren haben, wie groß die Anerkennung war, die der Gebärmutter in früheren Zeiten zuteil wurde, möchten Sie sich vielleicht einmal näher mit Ihrer ganz persönlichen Einstellung zu Ihrer Gebärmutter beschäftigen: Nehmen Sie sie bewusst war? Oder spüren Sie Ihre Gebärmutter nur während der Menstruation, wenn sie sich zusammenkrampft und dadurch Schmerzen verursacht?

Sind Sie auf positive Weise mit Ihrer Gebärmutter verbunden? Wissen Sie um die Kraft, die ihr innewohnt? Wissen Sie, dass Ihre Gebärmutter der Sitz, der Wohnort der Weiblichkeit schlechthin ist?

Versuchen Sie einmal, sich ganz entspannt auf den Rücken zu legen und tief in sich hineinzuspüren. Stellen Sie sich dabei vor, dass dieses weibliche Organ von vielen Kulturen und Traditionen verehrt und angebetet wurde. Machen Sie sich klar, dass Sie einen ganz besonderen Schatz in sich tragen. War Ihnen das schon einmal richtig bewusst?

Atmen Sie in diesen Schatz hinein und freuen Sie sich ganz bewusst darüber, dass Sie eine Frau sind. Wenn Sie keine Gebärmutter mehr haben sollten, ist die Energie trotzdem noch da, und Sie können ihre Kraft spüren.

Um Kontakt zu Ihrer Gebärmutter aufzunehmen, können Sie sich selbst zum Beispiel einmal folgende Fragen stellen:

- Wie geht es mir mit meiner Gebärmutter?
- Habe ich eine Beziehung zu ihr?
- Wie sieht diese Beziehung aus?
- Wie fühlt sich meine Gebärmutter in meinem Körper?
- Wie fühlt sie sich in den verschiedenen Zyklusphasen an? Wie ist es kurz vor der Menstruation, wenn sie mit Schleimhaut und Blut prall gefüllt ist? Wie fühlt sie sich nach der Blutung an, wie beim Eisprung? Wie fühlen sich die Eierstöcke an?
- Kann ich mir vorstellen, in den verschiedensten Situationen nicht nur zu schauen: »Wie denke ich darüber?«, sondern auch zu spüren: »Was sagt mein Unterleib dazu?«

Schreiben Sie alles auf, was an Antworten und Gefühlen in Ihnen aufsteigt.
Sie können mit Ihrer Gebärmutter auch »reden«, vielleicht möchten Sie ihr ja etwas sagen oder sie fragen, was sie braucht, um sich wohl zu fühlen. Sie hat ihre eigene »Sprache«, aber ihre Botschaften lassen sich erspüren. Dabei müssen die Antworten auf Ihre Fragen jedoch nicht unmittelbar nach der Fragestellung aufsteigen, oft tauchen sie auch erst im Traum oder in einem anderen besonders entspannten Zustand auf. Das mag zuerst sehr ungewohnt, vielleicht sogar ein wenig verrückt klingen – aber das habe ich ja bereits in der Einführung angesprochen.
Wenn Ihnen diese Art des Umgangs mit Ihrer Gebärmutter noch völlig fremd ist, dann beginnen Sie am besten ganz langsam und behutsam, mit ihr Kontakt aufzunehmen. Versuchen Sie einfach öfter, in sie hineinzuspüren. Fühlt sie sich entspannt und wohlig warm an? Oder ist sie eher hart und angespannt? Wenn Sie diese Übung regelmäßig machen, wird mit der Zeit ein immer intensiverer Kontakt zwischen Ihnen und Ihrer Gebärmutter entstehen. Das werden Sie im Laufe der Zeit auch immer deutlicher wahrnehmen. Sie werden feinsinniger und empfindsamer: Vielleicht spüren Sie plötzlich Ihren Eisprung oder die Öffnung kurz vor der Regel. Dann werden Sie auch erkennen, dass sich Ihre Gebärmutter in wichtigen Situationen Ihres Lebens sozusagen »meldet«. Achten Sie darauf und nutzen Sie ihre Kraft!

Die Verehrung der Vulva

Neben der Gebärmutter wurde auch die Vulva in zahlreichen Mythen verehrt und bildlich als »Tor des Lebens« beschrieben. In Mykenä, einer der frühesten Kultstätten Demeters, der Muttergöttin, hatten Kuppelgräber dreieckige Eingänge. *De* heißt »Delta« oder »Dreieck« und symbolisiert das weibliche Geschlechtsorgan, *meter* bedeutet so viel wie »Mutter«. Scheidenartige Durchgänge führten zu runden Wölbungen, die den Schoß der Wiedergeburt darstellten. Eingangspforten, die symbolisch für die Vulva stehen, waren fast überall – zum Beispiel auch bei den Sumerern und in Ägypten – den Frauen geweiht und häufig rot angemalt.[15]

Nicht nur bestimmte Formen, sondern auch Farben wurden also der Göttin, den Geschlechtsorganen und der inneren Kraft zugeordnet. Dabei spielte Rot, die Farbe der Kraft, Macht und sexuellen Energie, eine zentrale Rolle. Figuren und Gefäße wurden mit roten Symbolen versehen, und rote Erde, die berühmte Ockerfarbe, wurde für Höhlenmalereien und zur Ausschmückung von Tempeln, die der Muttergöttin geweiht waren, verwendet. Viele Darstellungen, vor allem Hände und Vulvas, bemalten die Menschen damals mit roter Farbe. Dabei diente mit ziemlicher Sicherheit das Menstrualblut als Farbstoff, wenn in der Nähe von Fundorten keine rote Erde vorhanden war.[16]

Mit der Ausbreitung des Christentums kam dann immer mehr Angst vor den Frauen und vor ihrem Geschlecht auf. Die Vulva wurde nun nicht mehr als Tor zum Leben, sondern als eine Metapher für das Höllentor betrachtet. Man nannte sie die *vagina dentata*, also die »gezahnte Vagina«. Die Vorstellung, dass sie den Penis eines Mannes abbeißen könnte, wurde von den Christen bis in das südamerikanische Amazonasgebiet verbreitet. Aber auch in islamischen Ländern nahm die Furcht der Männer vor dem weiblichen Geschlechtsorgan zu. Männer wurden davor gewarnt, eine weibliche Vagina zu betrachten. So wird zum Beispiel in einem Manuskript aus dem 16. Jahrhundert von einem Fall berichtet, in dem ein Sultan aus Damaskus durch den Anblick einer Vagina erblindet sein soll. In islamischen Ländern ist das Zunähen der Schamlippen oder die Beschneidung der Klitoris noch heute eine verbreitete Praxis, um die Kraft und Lust der Frau zu unterbinden.

In weiten Teilen Asiens, wie etwa in China, wusste man dagegen, dass es um die Vereinigung der beiden Polaritäten ging und nicht um die Vernichtung oder Unterwerfung eines der beiden Prinzipien. Die Achtung vor dem weiblichen Ge-

Gut zu wissen

Im chinesischen Tao werden das Menstruationsblut und die Muttermilch als zwei göttliche Yin-Säfte betrachtet, die als große Heilmittel gelten. Das dritte Heilmittel ist der Kuss einer Frau, weil in ihm weiblicher Speichel enthalten ist, dem ebenfalls eine heilende Kraft zugeschrieben wird.

schlecht kommt zum Beispiel in den chinesischen Bezeichnungen für die Vulva zum Ausdruck: Sehr phantasievoll und poetisch wird hier das weibliche Genital als »duftende Rose«, »Lotosblüte«, »Jadetor« oder »goldene Schlucht« bezeichnet.

Das können Sie tun:

Ähnlich wie bei der Gebärmutter können Sie auch hieraus ersehen, wie hoch das weibliche Geschlecht seit Urzeiten verehrt wurde. Und genauso wie bei der Gebärmutter können Sie einmal überprüfen, wie es Ihnen eigentlich mit Ihrer eigenen Vulva ergeht. Anders als bei der Gebärmutter besteht bei der Vulva jedoch die Möglichkeit, durch Streicheln oder Betrachten einen direkten Kontakt herzustellen.

Wenn Sie sich Ihre Vulva einmal in einem Handspiegel anschauen, bekommen Sie eine noch persönlichere Beziehung zu ihr. Betrachten Sie Ihre Vulva doch auch einmal in verschiedenen Phasen, denn sie verändert sich ja ständig: Die Schamlippen öffnen und schließen sich, und die Klitoris wird härter, wenn sie sich bei Erregung mit Blut füllt. Dann sieht sie wieder ganz anders aus als im normalen Zustand. Vielleicht können Sie sich die Vulva auch einmal mit Ihrem Partner oder Ihrer Partnerin zusammen anschauen – solche gemeinsamen Erfahrungen schaffen Vertrauen.

Sollten Sie diese »Entdeckungsreise« jedoch lieber erst einmal allein machen wollen, dann brauchen Sie dafür einen Spiegel mit einem langen Griff. Am besten können Sie die Vulva betrachten, wenn Sie mit weit geöffneten Knien über dem Spiegel hocken oder liegen. Lassen Sie sich Zeit dabei und beobachten Sie genau, welche Gefühle, Assoziationen oder vielleicht auch Ängste in Ihnen aufsteigen.

Wiederholen Sie diese Übung dann in Abständen und achten Sie darauf, ob sich – falls Sie Angst oder Scham dabei empfunden haben – diese Gefühle im Laufe der Zeit verändern oder sogar ganz legen. Schreiben Sie alles auf, was Ihnen dabei in den Sinn kommt.

Allein die Bezeichnung »Schamlippen«, »Schamhügel« oder »Schambein« kann unbewusst bereits ein Gefühl der Scham auslösen. Vielleicht verändert sich ja schon etwas, wenn Sie Ihre Sexualorgane umbenennen. Bezeichnen Sie Ihre Schamlippen doch zum Beispiel einmal als »Lustlippen«, was sie ja auch sind. Seien Sie kreativ und geben Sie Ihren Geschlechtsorganen doch einfach einmal neue, möglichst lust- und freudvolle Namen.

Die Verehrung der Menstruation und des Blutes

Der dritte Aspekt der Weiblichkeit, der besonders verehrt wurde, war die Menstruation und ihr Blut. Das Blut ist in vielen Kulturen wesentlicher Bestandteil der Schöpfungsmythen. Es wird als Träger der Seele betrachtet und stellt somit den Inbegriff des Lebens schlechthin dar.

Die Vorstellung, dass Leben aus dem Menstruationsblut entsteht, war also weit verbreitet. Dieses Blut symbolisierte den Zyklus von Leben und Sterben und galt aus diesem Grund als heilig. Der weibliche Zyklus wurde mit den Zyklen der Natur und des gesamten Kosmos in Verbindung gebracht.

Der Glaube, die Urgöttin besitze die Fähigkeit, Menschen aus Blut zu erschaffen, spiegelt sich gewissermaßen auch im Christentum wieder: Der Name »Adam« etwa bedeutet so viel wie »Mensch, der aus Blut geschaffen ist«.

Im alten Mesopotamien hieß es zum Beispiel, die große Göttin Nimhursag habe die Menschen aus Lehm gemacht und ihnen ihr Blut des Lebens eingeflößt.[17] Auch der griechische Philosoph Aristoteles glaubte, dass menschliches Leben aus geronnenem Menstrualblut entstehe.

Traditionelle Gesellschaften, die der Menstruation noch heute einen hohen Stellenwert beimessen, können uns eine Vorstellung davon vermitteln, wie diese Verehrung vor Jahrtausenden ausgesehen haben mag. Für südamerikanische Indianerinnen und Indianer zum Beispiel ist die ganze Menschheit aus Mondblut erschaffen worden. Die Maori auf Neuseeland nehmen an, die menschliche Seele entstehe im

Mutterleib aus Zyklusblut. Die Hindus glauben, dass Mensch und Kosmos aus dem zu einer teigartigen Masse geronnenen Menstruationsblut der Muttergöttin geformt worden seien.

Gut zu wissen

Die erste Blutung, die sogenannte »Menarche«, tritt in der Pubertät, also etwa zwischen dem zehnten und fünfzehnten Lebensjahr eines Mädchens ein. Diese erste Regelblutung gilt als Zeichen der einsetzenden Geschlechtsreife. Von da an bekommt eine Frau jeden Monat ihre Periode, und zwar zyklisch: Das gleiche Hormonmuster wiederholt sich also jeden Monat.

Während der Menstruation, der Regelblutung, wird die alte Gebärmutterschleimhaut zusammen mit dem Blut von der Gebärmutter abgestoßen. Dann werden die Eierstöcke durch bestimmte Hormone stimuliert und produzieren Eizellen. In der Mitte des Zyklus ist die Eizelle reif und löst sich vom Eierstock (Ovarium), was auch als »Eisprung« bezeichnet wird. Danach wandert die Eizelle durch den Eileiter zur Gebärmutter (Uterus). Drei verschiedene Hormone bereiten die Gebärmutterschleimhaut auf die Aufnahme der Eizelle vor. Wird die Eizelle durch den männlichen Samen befruchtet, nistet sie sich in der Gebärmutterschleimhaut ein, und neues Leben entsteht. Findet keine Befruchtung statt, wird die Schleimhaut in der Menstruation wieder abgestoßen.

So wie die Gebärmutter und die Vulva wurde auch das Blut sinnbildlich dargestellt. Die Theologin Jutta Voss spricht in ihrem Buch von mit Blut gefüllten, roten Flüssen, aus denen den Göttern übernatürlicher roter Wein gereicht wurde, oder vom roten Meer, zu dem Lilith floh, um allein zu leben, nachdem sie Adam verließ. Sie spricht vom roten Fluss Styx, der sich siebenmal durch das Innere der Erde windet und in der Nähe der Stadt Clitor (wer denkt da nicht an Klitoris?) aus der Erde hervorkommt.[18]

In alter Zeit glaubten die Menschen, dass der beseelte Geisthauch im Blut liege. Erst durch das Blut wuchs der Mensch im Mutterleib heran. Sie nahmen an, dass das Blut, das Kinder erzeugen konnte, aus dem Herzen hervorkam. Aus diesem Grund wurde das »Herzblut« zu einem Synonym für die Seele. Auch zwischen Herz und Vagina besteht eine enge Verbindung.[19]

Die Menschen glaubten damals, dass dem Menstruationsblut eine geheimnisvolle Magie innewohne, und betrachteten das Blut deshalb mit großer Ehrfurcht. Zahlreiche Sagen und Legenden erzählen von dieser Magie. So wurde zum Beispiel Achilles in Styx, den Menstruationsfluss, getaucht und damit unverwundbar gemacht. Der nordische Gott Thor erreichte das magische Land der Erleuchtung, indem er in einem Fluss aus Menstruationsblut von Riesinnen badete. Odin erlangte seine Vormachtstellung, indem er das weise Blut aus dem dreifachen Kessel des Leibes von Mutter Erde stahl und trank.[20] In der Artussage ist von durch Frauenblut verzauberten Schwertern und übernatürlichen Speeren die Rede.

Gut zu wissen

Das Menstruationsblut wurde einst auch deshalb so hoch verehrt, weil es die einzige Form von Blut ist, die ohne Fremdeinwirkung, ohne Krankheit oder Verletzung fließt. Daher galt der Menstruationszyklus in allen Kulturen als ein Zeichen von Kraft, Gesundheit und Fruchtbarkeit.

Diese geheimnisvolle magische Energie hat in manchen Gebieten der Erde sogar einen eigenen Namen. So sprechen die Indianer Nordamerikas von einer magischen Kraft namens *wakonda*. Eine menstruierende Frau wird als *wakan* betrachtet, was so viel wie »heilig« heißt. Bei anderen Völkern, etwa im pazifischen Raum, wird diese Kraft *mana* genannt. Dabei handelt es sich um eine übernatürliche Kraft, die einem Menschen innewohnen, aber auch in Geistwesen und anderen Wesen wie zum Beispiel Steinen oder Schlangen enthalten sein kann.

Menstruierende Frauen tragen dieses »Mana« in sich. Sie sollen mit Hilfe dieser übernatürlichen Kraft das Leben auf der Erde lenken können. So sind sie imstande, »die Kräfte der Natur zu beherrschen und zu lenken, Regen oder Sonnenschein, Wind oder starke Luft zu machen, Krankheit zu erzeugen oder zu beseitigen, zu erkennen, was fern nach Zeit und Raum ist, Wohlstand und Gedeihen wie Seuchen und Fluch zu bringen«.[21]

In einigen Bereichen der Erde, wie zum Beispiel in Tibet, wird noch heute der sogenannte »Wetterzauber« praktiziert. Dabei werden ganz besondere Regenrituale vollzogen, die eine Dürre verhindern sollen. Aber auch Heilungen oder der Übergang in eine neue Lebensphase werden oft von speziellen magischen Ritualen begleitet. Magische Handlungen werden entweder durch Laute, Worte, Gesang, Zeichen oder Schrift, Gesten, Berührungen, Mimik, Körperhaltung oder über kraftgeladene Gegenstände vollzogen.

In manchen Gegenden der Welt wurde die Menstruation auch mit Bildern aus der Natur belegt: In Indien etwa heißt die Menstruation »Blume« oder »Blüte«. Oder die Menschen sehen in der Menstruation den Regen für die Erde: Die Bauern von Bengalen glauben beispielsweise, dass der erste heftige Monsunregen die »Menstruation der Erde« ist – danach bringt sie neue Pflanzen hervor. Während dieser Zeit wird auf den Feldern nicht gearbeitet.[22]

Der Überlieferung nach können Frauen die Kraft des Menstruationsblutes sowohl auf heilsame als auch auf schädigende Weise einsetzen: Allein mit ihrem Blick sollen sie Schadenszauber betreiben können. Im gesamten Mittelmeerraum sowie in islamischen Ländern ist der Glaube an den »bösen Blick«, der Menschen angeblich krank machen und sogar sterben lassen kann, bekannt. Als Schutz davor gelten die noch heute gängigen blauen Glasperlen oder andere kleine Gegenstände, die zum Beispiel als Ring am Körper getragen werden können. Als Ursache werden böse Geister angesehen, die vor allem nach der Geburt oder während der Menstruation in Frauen eindringen können, weil sie dann besonders offen und durchlässig sind.[23] Auch in unserem Kulturkreis wurde menstruierenden Frauen häufig der »böse Blick« nachgesagt.[24]

Auf der ganzen Welt und zu allen Zeiten haben Heilerinnen und weise Frauen die magische Kraft, die ihnen während der Menstruation in besonderem Maße zuteil wurde, zu Heilzwecken eingesetzt. Sie haben Rituale vollzogen, andere Wesenheiten um heilende Unterstützung gebeten, mit Krankheiten, bösen Geistern und Dämonen in anderen Welten gekämpft und sie zumeist auch besiegt. So wurde diesen Frauen schon immer nachgesagt, dass ihre Heilkraft während der Menstruation am stärksten sei.

Aber nicht nur Heilerinnen aus längst vergangenen Zeiten, aus Mythen und Märchen können mit Hilfe der Menstruation heilen. Jede Frau trägt diese magische heilende Kraft in sich – auch Sie. Sie müssen sich dieser Vorstellung nur öffnen.

Das können Sie tun:

So wie bei der Gebärmutter und der Vulva können Sie sich auch mit ihrer Menstruation und Ihrem Menstruationsblut näher befassen, um eine positive Beziehung zu der Kraft, die darin liegt, zu entwickeln. Überprüfen Sie zuerst einmal Ihre ganz persönliche Einstellung zu diesem Thema: Wie geht es Ihnen bei der Vorstellung, dass das Menstruationsblut in so vielen Kulturen auf der ganzen Welt verehrt wurde und immer noch wird? Können Sie sich das überhaupt vorstellen? Oder überkommt Sie bei dem Gedanken an das Blut oder gar an Rituale mit dem Menstruationsblut eher ein Gefühl von leichtem Ekel oder Abneigung? Lassen Sie all Ihre Gefühle bei dieser Vorstellung hochkommen und schreiben Sie auf, was Ihnen dazu einfällt.

Wenn Sie Ekel empfinden sollten, schauen Sie genau hin: Wer in Ihnen ist es, der ein solches Unwohlsein verspürt? Wirklich Sie selbst? Oder vielleicht eher Ihre Mutter in Ihnen? Oder Ihr Vater? Woher kommt das Gefühl? Schreiben Sie auf, was Ihnen ganz spontan dazu in den Sinn kommt.

Haben Sie Ihr eigenes Blut schon einmal genau betrachtet? Wenn Sie das noch nie gemacht haben, nehmen Sie sich einmal die Zeit dazu. Wenn Sie dann ein Gefühl der Scham oder des Ekels überkommen sollte, lassen Sie das einfach zu. Versuchen Sie sich aber trotzdem daran zu erinnern, dass das Menstruationsblut für viele Kulturen etwas Heiliges war. Achten Sie darauf, ob sich bei dem Umgang mit Ihrem eigenen Blut etwas verändert, wenn Sie diesen Hintergedanken im Kopf behalten.

Ausführliche Übungen und Rituale mit Menstruationsblut finden Sie im Kapitel »Die eigene Urkraft entdecken« unter »Rituale mit Blut« auf Seite 207.

Spiritualität, Magie und Menstruation

Die Menstruation und das Blut der Frau galten somit einst als heilig und mächtig. Zentrales Element der Menstruation war das Mysterium der Wandlung. Das Menstruationsblut wurde als Sinnbild für Leben und Tod, für Veränderung und Übergang, für innere Wandlung betrachtet. Es galt auch als Symbol für den Wechsel auf andere Ebenen des Seins.

Frauen waren durch ihre besondere Sensitivität während der Blutung in der Lage, sich mit allem Lebendigen, der Natur und der Göttin zu verbinden. Dass sie die kosmischen Kräfte gewissermaßen in sich »konzentrieren« konnten, gab ihnen große Macht. Insbesondere in der Zeit der Blutung waren sie fähig, die »Welten zu wechseln«, also in andere Bewusstseinszustände einzutreten. Sie tauchten in diese Machtquellen ein, indem sie an bestimmten heiligen Plätzen in der Natur ihre Menstruationskulte vollzogen. Dabei ließen sie ihre Alltagspflichten hinter sich, um sich ganz mit dem inneren Selbst zu verbinden, der ureigenen tiefen Quelle, der auch das Göttliche innewohnt. Danach kehrten sie erfrischt und erneuert in den Alltag zurück und nahmen ihre üblichen Tätigkeiten wieder auf. Sie brachten aber auch ihre Offenbarungen und intuitiven Erkenntnisse aus dieser Zeit und ihre ganze Kreativität in das Gemeinschaftsleben mit ein.

Noch heute werden in vielen traditionellen Kulturen an speziellen Plätzen – vorwiegend in eigens dazu bestimmten Menstruationshütten oder -zelten – Menstruationsrituale abgehalten. Solche Hütten sind in Amerika, Afrika und Asien noch weit verbreitet und stoßen inzwischen auch in Europa auf zunehmendes Interesse. Dort können sich Frauen regelmäßig einem körperlichen und psychisch-seelischen Klärungs- und Erneuerungsprozess unterziehen.

Häufig gelten während der Blutung ganz bestimmte Regeln. So ist in dieser Zeit zum Beispiel oft der Kontakt zwischen den Geschlechtern untersagt, und Frauen dürfen bestimmte Tiere oder Pflanzen und manche Nahrungsmittel nicht berühren und essen. Diese Absonderung der Frauen wird oft damit begründet, dass sie während ihrer Menstruation »unrein« und »gefährlich« seien.

Da dieser Brauch in frauenzentrierten Gesellschaften jedoch etwa doppelt so häufig vorkommt als anderswo, kann das kaum der einzige Grund sein. Denn oft halten gerade die Frauen selbst diese Riten aufrecht, weil sie ihnen letztlich zugute kommen.

In Neuguinea beispielsweise wird ein Mann immer bemüht sein, seiner Frau alle Wünsche zu erfüllen, weil sie ihm durch ihre »Menstruationskraft« sonst schaden könnte.[25]

In unserem Kulturkreis gibt es keine Rituale mehr, in denen das weibliche Element verehrt und die Menstruation als Quelle von Kraft und Macht genutzt wird. Die christliche Kirche ist männlich orientiert: Anstelle des heiligen Blutes der Frau wird das Blut Christi, anstelle der Gebärmutter der Kelch Gottes verehrt. Immer mehr Frauen fühlen sich zum Beispiel in der männlich-hierarchischen katholischen Kirche nicht mehr aufgehoben, die zu einem Regelwerk von Geoder Verboten erstarrt zu sein scheint.

Gut zu wissen

Die Heilerin Rosemary Rodewald befragte in ihrem Buch Magie, Heilen und Menstruation 60 Frauen aus verschiedenen Ländern zum Thema Menstruation. Dabei stellte sich heraus, dass ein eindeutiges Bedürfnis besteht, während der Blutung mit sich allein zu sein, sozusagen eine Sehnsucht nach sich selbst.[26]

So kehren viele Frauen zurück zu den Ursprüngen der Religion, die ja in der Weiblichkeit verwurzelt waren. Religion bedeutet so viel wie »Rückbindung«; es geht also darum, wieder Verbindung zu den Wurzeln unseres Seins aufzunehmen. Die Zeit der Blutung erinnert in gewisser Weise an diese Wurzeln: Die Gebärmutter stößt Altes ab und erneuert sich gleichzeitig. Tod und Geburt liegen hier also ganz nah zusammen – so wird uns unsere Vergänglichkeit und zugleich das Wunder des Lebens bewusst. Das hilft uns, klarer zu erkennen, was eigentlich die wesentlichen Dinge des Lebens sind. Den Wunsch, während der Blutung zu meditieren, in sich zu gehen – sich zurückzuziehen, um sich körperlich und seelisch zu erneuern –, haben auch heute viele Frauen. Diese spirituellen Grundbedürfnisse entsprechen aber leider ganz und gar nicht unseren Gesellschaftsnormen.

Wenn sich eine Frau dann tatsächlich zurückzieht, sich intensiv mit den körperlichen und seelischen Vorgängen in dieser Zeit beschäftigt, kann das tief greifende Veränderungen mit sich bringen. Gelebte Spiritualität während der sensiblen Zeit der Blutung kann enorme Kräfte zur Selbstheilung, aber auch zur Heilung anderer freisetzen. »Heilen« bedeutet vom Wortursprung her unter anderem wünschen, verbinden und erlösen, »heilig« heißt so viel wie unantastbar, geweiht und Heil bringend. Nicht zuletzt deshalb war die Menstruation – und ist es in manchen Kulturen noch heute – heilig und unantastbar.

Heilen ist in gewisser Weise sowohl eine heilige als auch eine magische Handlung. Die übernatürliche heilende Kraft der menstruierenden Frau, von der in diesem Buch immer wieder die Rede ist, kann auch als göttliche oder kosmische Kraft bezeichnet werden und das Arbeiten mit dieser Kraft – also ihr gezielter Einsatz – als Magie. »Magie« wiederum bedeutet so viel wie die Beschwörung geheimnisvoller Kräfte. Mehr über den Umgang mit dieser Energie finden Sie im Kapitel »Die eigene Urkraft entdecken« unter »Spirituelle und magische Rituale« auf Seite 203.

Die göttliche Energie ist allgegenwärtig, in allem Lebendigen enthalten – wir müssen nur einen Zugang dazu finden. Die blutende Frau in ihrer Offenheit und Sensitivität in jeder Hinsicht kann schneller und leichter mit dieser Energie in Kontakt kommen.

Menstruation kann also sehr heilsam und Heil bringend sein. Sie anzunehmen kann eine Frau in ihrer Weiblichkeit, Weisheit und inneren Kraft bestärken. Die bereits erwähnte Heilerin Rodewald hat mit acht Frauen, die Menstruationsprobleme hatten, ein halbes Jahr lang in Form einer »Heil-

Gut zu wissen

Die Heilkraft der Menstruation und das Frauenblut wurden bis ins Mittelalter hinein ganz offiziell bei Riten als Heilmittel eingesetzt. Die heilige Wandlung durch das Blut ist das Herzstück spiritueller Menstruationserfahrung.

reise« gearbeitet. Sechs von ihnen erlangten bemerkenswerte Erfolge – vor allem in ihrer Identität als Frau. Rodewald nennt diese innere Kraft einfach »die Göttin«, die Frauen in der Zeit der Menstruation ganz nah ist. Mit dieser Kraft kann sich eine Frau verbinden, wenn sie sich der Spiritualität öffnet – der Meditation, der inneren Einkehr und der Wiedervereinigung mit ihren göttlichen Wurzeln. Das macht sie stark.

Tatsächlich werden die Zusammenhänge von »heilen« und »heilig« heute neu erforscht. Es gibt Studien, die die Bedeutung des Glaubens bei Heilungsprozessen aufzeigen. Demnach werden Menschen, die beten, sich mit der göttlichen Kraft verbinden, schneller gesund.[27] Auch bei Menschen, für die gebetet wird, scheint der Heilungsprozess rascher voranzuschreiten.

Frauen können ihre blutende Gebärmutter als eine Art eigene »Heilquelle« betrachten, denn ihre Heilkraft nimmt während der Blutung zu. Aus einer Untersuchung in Kalifornien geht hervor, dass mehr als 70 Prozent der darin befragten Heilerinnen und Therapeutinnen einen direkten Zusammenhang zwischen der Menstruation und der Zunahme ihrer Heilfähigkeiten sehen.[28] Sie beobachteten bei sich selbst während der Blutung eine Aktivierung der Heilenergie, erhöhte und veränderte Bewusstseinszustände und eine stärkere Verbindung zur göttlichen Kraft. Einige der Frauen stellten auch eine Zunahme der Heilenergie in den Wechseljahren fest. In alten Kulturen wurden Frauen nach der Menopause häufig zu Priesterinnen und Heilerinnen. Der Vorstellung nach halten diese Frauen ihr »weises Blut« zurück und können dadurch eine Schwelle überschreiten, die sie zu Wächterinnen über Leben und Tod werden lässt.

Das können Sie tun:

Wollen Sie diese Wandlung und das Aufsteigen der Heilkraft auch bei sich erleben? Möchten Sie Ihre spirituellen Seite näher kennen lernen?
Stellen Sie sich vor, dass Sie sich während der Blutung wie eine Raupe in einen Kokon einhüllen und jeden Monat neu und verwandelt als Schmetterling wieder daraus hervorgehen. Je intensiver und je öfter Sie sich auf dieses Bild einlassen, desto farbenprächtiger und kunstvoller werden mit der Zeit Ihre Flügel werden.
Wenn Sie herausfinden möchten, wie Ihre ganz persönliche Verbindung zwischen Menstruation, Spiritualität und Heilung aussieht, können Sie sich selbst zum Beispiel einmal folgende Fragen stellen:

- Bin ich religiös oder habe ich Sehnsucht danach?
- Empfinde ich vor und während der Blutung anders, manchmal tiefer?
- Lasse ich mich in dieser Phase emotional leichter berühren?
- Habe ich schon spirituelle Erlebnisse gehabt, die eindeutig mit meiner Menstruation zusammenhingen?
- Fühle ich mich während der Blutung manchmal mir selbst näher?
- Habe ich in dieser Zeit schon einmal das Gefühl gehabt, zugleich ganz bei mir und in ein größeres Ganzes eingebettet zu sein?
- Was für ein Gegenstand, welche göttliche Figur oder welches Element der Natur symbolisiert für mich am ehesten Spiritualität?

Vielleicht haben Sie ja Lust, sich zu Hause einen kleinen Altar einzurichten. Sie können selbst ein Bild malen oder ein Symbol gestalten, das für Sie Spiritualität verkörpert. Stellen Sie Blumen dazu oder eine Kerze, vielleicht auch eine Schale mit Wasser und alles, was für Sie persönlich eine Bedeutung hat. Pflegen Sie diesen heiligen Ort und suchen Sie ihn während der Blutung öfter auf.

Ein solcher Ort kann auch ganz woanders liegen: draußen in der Natur, in einer Kirche oder sonst irgendwo, wo Sie ganz zu sich selbst kommen und sich spirituellen Erfahrungen öffnen können. Hören Sie in sich hinein und achten Sie auf Zeichen – sie werden ganz sicher kommen.

Sie haben ja bereits bei der Übung im Göttinnenteil auf Seite 35 Kontakt mit Ihrer inneren Göttin, Ihrer inneren Begleiterin oder Ihrer Intuition, Ihrer inneren Stimme aufgenommen – diesen Kontakt können Sie an Ihrem ganz persönlichen Ort der Kraft immer weiter vertiefen. Wenn Sie erst einmal Zugang zu Ihrer Tiefe gefunden haben, wird sich mit der Zeit auch das Verhältnis von innen und außen verändern. Sie werden merken, dass Sie nicht mehr so stark von Äußerlichkeiten beeinflusst werden, weil Ihr Inneres an Kraft gewinnt. Ihre innere Stimme kann Ihnen ein unerschöpfliches Kraftpotenzial erschließen. Ihre »rote Kraft« kann Ihre Wahrnehmung verändern und Ihnen Fähigkeiten vermitteln, die mit unserem naturwissenschaftlich geprägten Weltbild nicht mehr zu erklären sind. Es ist die spirituelle und magische Welt, in deren Kräfte und Geheimnisse Sie nun eintauchen können. Die Welt der Verehrung, der Vernetzung und der Erhaltung alles Lebendigen, sei es sichtbar oder unsichtbar. Das Lebendige in unserer Welt hat in unserer Gesellschaft viel an Wert verloren. Manche Frauengruppen, die eine Verbindung zwischen Umwelt- und Frauenbewegung sehen und suchen, sprechen von der Notwendigkeit der Wiederkehr der großen Göttin, von Gaia, der Erdmutter, die uns die erderhaltende Kraft jetzt zurückbringen kann. Wir Frauen tragen diese Kraft in uns: Durch unseren natürlichen Zyklus können wir unseren Teil zu dieser heiligen Wandlung beitragen.

Die Kraft der natürlichen Zyklen

Auf den vorhergehenden Seiten wurde ja schon deutlich, dass in früheren Zeiten ein enger Zusammenhang zwischen dem Zyklus der Frau und den Zyklen der Natur bestanden hat. Die innere Natur der Frau und die äußere Natur der Erde und des Universums waren eng miteinander verbunden.

Diese Analogien kommen in vielen Schöpfungsmythen zum Ausdruck. Aber auch in der Natur selbst spiegeln sie sich zum Beispiel in Form von Höhlen, Flüssen oder Steinen sowie in zyklischen Abläufen wie Ebbe und Flut, dem Wechsel der Jahreszeiten und dem Stand des Mondes wider.

Mond und Menstruation

Die größte Ähnlichkeit zwischen einem Zyklus in der Natur und dem Zyklus der Frau zeigt sich am Beispiel des Mondes. So ist inzwischen wissenschaftlich erwiesen, dass der Mond das Verhalten von Flüssigkeiten beeinflusst. Er reguliert nicht nur die Gezeiten der Meere, sondern auch die Zyklen von Körperflüssigkeiten. Darüber hinaus hat der Mond auch Auswirkungen auf die Gefühle und Träume von Menschen.

Bereits die äußere Erscheinungsform des Mondes zeigt die enge Verbindung zur Frau. Denn der Kreis wurde schon immer als eines der wichtigsten Symbole für Weiblichkeit angesehen, während die Linie, der phallische Schaft oder das Kreuz den männlichen Geist darstellten. So wurden schon in frühen Zeiten viele sakrale Tänze in Kreisform vollzogen, und auch heute noch kann man bei Ritualen, die in Form eines Kreises durchgeführt werden, die stärkste Kraft spüren.

Neben der äußeren Erscheinungsform gibt es noch eine weitere offensichtliche Verbindung: die große Übereinstimmung zwischen dem weiblichen Zyklus und dem zeitlichen Verlauf der Mondphasen, die fast auf den Tag genau gleich sind. Früher glaubten die Menschen sogar an eine »Menstruation des Mondes«, da der zeitliche Ablauf von fast 28 (27,3) Tagen mehr oder weniger dem monatlichen Zyklus einer Frau entsprach. Der Mond wird genauso regelmäßig voll und wieder leer wie die Gebärmutter der Frau und geht ebenso wie sie ungefähr jede Woche in eine andere Phase über. Es dauert insgesamt etwa 13 bis 14 Tage vom Neu- bis zum Vollmond und dann noch einmal die gleiche Anzahl von Tagen, bis wieder Neumond ist. Dann »menstruiert« der Mond sozusagen: Er zieht sich zurück und ist für den Menschen nicht mehr sichtbar, obwohl er trotzdem präsent ist.

Die Erkenntnis der Zusammenhänge zwischen dem weiblichen Körper und den Zyklen der Natur fand in unzähligen Ritualen ihren Ausdruck – sie machten die Vorgänge in der Natur nachvollziehbarer für die Menschen der damaligen Zeit. Die innere Natur der Frau und ihre Menstruation galten als Spiegelbild der äußeren Natur und des Mondzyklus. Die Alchemisten fassten diese Einsichten später mit den Worten »Wie oben, so unten« treffend zusammen.

Durch die offensichtliche Beziehung zwischen dem weiblichen Zyklus und dem Mond wurde der Mond zum bedeu-

Gut zu wissen

Dem *Vollmond* wird die stärkste Wirkungskraft der vier Mondphasen nachgesagt. Er erhellt die tiefschwarze Nacht und schickt Menschen und Tieren viel Licht und Energie.
Bei *abnehmendem Mond* werden Kräfte abgegeben. Die Erde atmet in dieser Zeit besonders viel ein, wodurch die Säfte beim Menschen und in der Natur nach unten fließen.
Die *Neumondphase*, die auch als Neubeginn bezeichnet wird, ist die Zeit, in der die Erde beginnt, auszuatmen und sich die Säfte in der Natur und im Menschen regen.
Bei *zunehmendem Mond* beginnen die Dinge auf der Erdoberfläche zu wachsen und zu gedeihen. Die Energien fließen nach außen.

tendsten Symbol vieler Göttinnen auf der ganzen Welt. Die Mondgöttin wurde in zahlreichen Kulturen als große Schöpferin verehrt.

Jutta Voss fasst die Beziehung zwischen Menstruations-, Mond- und Naturzyklus in Ihrem Buch *Das Schwarzmondtabu* zusammen:

Die *Phase der Eireifung*, wenn das Ei im Eierstock heranreift, entspricht dem zunehmenden Mond. Im Jahreskreislauf der Fruchtbarkeit gehört diese Phase in unseren Breiten zum Frühling, im kosmischen Ablauf zur Tag-und-Nacht-Gleiche.

Die *Phase des Eisprungs*, wenn das Ei in den Eileiter wandert, entspricht dem Vollmond. Im Jahreskreislauf gehört sie zum Sommer und im kosmischen Ablauf zur Sommersonnenwende.

Die *prämenstruelle Phase*, die Phase, die die Gebärmutter dazu stimuliert, die Schleimhaut abzustoßen, entspricht dem abnehmenden Mond. Im Jahreskreislauf gehört sie zum Herbst und im kosmischen Ablauf zur Tag-und-Nacht-Gleiche, wenn Tag- und Nachtzeit wieder gleich lang sind.

Die *Menstruationsphase*, die Phase, in der die Gebärmutterschleimhaut schließlich abgestoßen wird, entspricht dem Neumond. Jahreszeitlich gehört diese Phase zum Winter und im kosmischen Ablauf zur Wintersonnenwende.[29]

Der Mond beeinflusst jedoch nicht nur die monatliche Regel, sondern wirkt sich auch auf unser gesamtes körperliches Wohlbefinden aus. Daher ist es hilfreich zu wissen, was Sie während bestimmter Mondphasen tun und was Sie besser lassen sollten. Folgende Auswirkungen des Mondes auf den menschlichen Organismus sollten Sie beachten, wenn Sie sich unnötigen Stress ersparen wollen:

Die Zeit des *Neumonds* eignet sich hervorragend für Fastenkuren, Entschlackungs- oder Obsttage, da die Organe besonders gut auf abführende oder entschlackende Maßnahmen reagieren. Der Neumond ist auch der ideale Zeitpunkt, um zum Beispiel mit dem Rauchen aufzuhören. Möglichst vermeiden sollten Sie in dieser Phase körperliche Eingriffe wie Operationen, da Wunden nicht so gut verheilen wie zu anderen Zeiten.

Wie der Name schon verrät, eignet sich die Phase des *zunehmenden Mondes*, in der der Mond sich als schmale, nach links geöffnete Sichel am Nachthimmel zeigt, besonders gut, um dem Körper Heilmittel und Vitamine zuzuführen. Diese Substanzen kann der Organismus – ebenso wie Nährstoffe – in diesen Tagen am besten aufnehmen. Das heißt allerdings auch, dass hier vor »Kalorienbomben« gewarnt werden muss, da man in dieser Zeit auch leichter zunimmt.

In der Phase des *Vollmondes* werden Gefühle besonders intensiv erlebt, auch die Empfindsamkeit nimmt zu. Bei Vollmond sollte man den Körper so wenig wie möglich belasten, also auch chirurgische Eingriffe nach Möglichkeit vermeiden. Besondere Vorsicht ist beim Umgang mit Alkohol und anderen Genussmitteln angesagt, weil es in dieser Phase zu Exzessen kommen kann.

Die Phase des *abnehmenden Mondes* eignet sich – ähnlich wie der Neumond – gut für Diäten und Fastentage. Es ist eine Zeit der Reinigung, der Kraft und der Energie. Jetzt liegt auch der beste Zeitpunkt für eine Operation vor, denn Wunden bluten weniger, heilen schneller und bilden kleinere Narben.

An den unterschiedlichen Phasen, die sowohl den weiblichen als auch den Mondzyklus ausmachen, wird deutlich, dass in einem Zyklus alle energetischen Zustände enthalten sind: Ruhe, Rückzug, Dunkelheit, Schöpfung, Neuwerdung, Geburt, Kraft, Energie und Helligkeit. Mit diesem Wissen im Hintergrund können Frauen die einzelnen Phasen im Laufe eines Monats ganz bewusst und gelassen durchleben.

Der Mondkalender

Die Begriffe »Menstruation« und »Mond« haben beide dieselben Wortwurzeln, nämlich »Monat« und »Maß« oder »messen«.[30] Es gibt viele Hinweise darauf, dass der Mondwechsel das erste historische Zeitmaß überhaupt darstellte. Inder, Moslems, Babylonier und Römer machten das Mondjahr zur Grundlage ihres Kalenders.

Die Römer nannten die Zeitberechnung »Menstruation«, was so viel bedeutet wie »das Wissen von der Menses«. Durch die Beobachtung von Menstruation, Mond und Himmel entstanden nicht nur Astrologie und Mathematik, sondern auch der Mondkalender. Er wurde bei uns im 16. Jahrhundert zwar von der Kirche verboten, ist aber in manchen Ländern, wie zum Beispiel in Tunesien, noch heute gültig. Nach dem Mondkalender besteht das Jahr aus 13 Monaten im 28-Tage-Zyklus – wie eben auch die Menstruation. Aus der Urgeschichte sind uns Fundstücke mit jeweils 13 Einkerbungen bekannt. Die 13 Menstruationsmonate wurden zum Beispiel im Tarxientempel auf Malta in Form einer Sau mit 13 Zitzen dargestellt. Die Schweinegöttin galt als die Göttin der menstruierenden Frau. Der Feiertag im Mondkalender ist der Mon(d)tag – nicht wie im Sonnenkalender der Sonntag. Die Tage werden von Mittag zu Mittag berechnet. Die Nächte haben eine höhere Bedeutung, und die zentrale Position nimmt die »Mondstunde« um Mitternacht ein (bei uns auch »Geisterstunde« genannt).[31]

Alte Mondkalender waren zugleich Menstruationskalender und dienten außerdem dazu, fruchtbare und unfruchtbare Tage zu erkennen; so ermöglichten sie eine natürliche Empfängnisverhütung. Durch moderne Umwelteinflüsse – wie zum Beispiel elektrisches Licht – und durch die Entwicklung der Antibabypille hat sich jedoch ein künstlicher Zyklus ergeben, der es heutigen Frauen erschwert, mit dem natürlichen Zyklus noch übereinzustimmen.

Manche Forscherinnen glauben, dass die eigentliche Zeit der Menstruation mit dem Neumond zusammenfällt. Die Amerikanerin Louise Lacey zum Beispiel zieht aus ethnographischem Material den Schluss, dass in verschiedenen Gesellschaften bei Neumond menstruiert wurde. Sie weist darauf hin, dass Licht, also auch das Licht des Mondes, einen großen Einfluss auf den menschlichen Biorhythmus hat. Lacey geht davon aus, dass vor der Verbreitung des elektrischen Lichts die Frauen nur bei Vollmond unter Lichteinstrahlung schliefen. Das Mondlicht löste den Eisprung aus, und die Blutung setzte dann bei Neumond ein. Künstliches Licht hat Laceys Meinung nach unsere natürlichen Körperrhythmen aus dem Gleichgewicht gebracht. Sie entwickelte eine Methode der natürlichen Geburtenkontrolle, die sie zunächst bei sich selbst ausprobierte. Sie schlief drei Tage im Monat bei Licht, das das Licht des Vollmondes simulieren sollte. Schon nach wenigen Monaten war ihr Zyklus mit den Mondrhythmen im Einklang. Das Licht löste tatsächlich den Eisprung aus, und sie konnte ihre fruchtbaren Tage kontrollieren. Frauen können durch diese Methode, die Lacey »Lunaception« nennt, ihre Menstruation so steuern, dass sie bei Neumond eintritt. Lacey

Das können Sie tun:

Um selbst einen Zugang zu den hier beschriebenen Zusammenhängen zu bekommen, bietet es sich an, Ihre Menstruation und die Mondstellung über einen längeren Zeitraum hinweg zu beobachten. Dazu legen Sie am besten ein Tagebuch an, in dem Sie folgende Punkte vermerken:

- In welchem Verhältnis steht Ihre Periode zur Mondphase (Sie können für den Mondstand einfach ein Zeichen – voll, halb, leer, ab- oder zunehmend – eintragen).
- Während welcher Mond- und Zyklusphase träumen Sie am intensivsten? Schreiben Sie Ihre Träume auf.
- Verändern sich Ihre Essgewohnheiten im Laufe des Monats? Beobachten Sie Ihre Essensgewohnheiten und Gelüste einmal genau.
- Unterliegt Ihre Lust auf Sex auch einem bestimmten Zyklus? Achten Sie darauf, wann Sie am meisten und wann Sie am wenigsten Lust auf Sex haben.
- Wie sieht es mit Ihrem Gemütszustand aus? Können Sie in Bezug auf Ihre Launen und Stimmungen Regelmäßigkeiten oder Zyklen feststellen?

Beobachten Sie sich selbst und Ihre Zyklen eine Zeit lang möglichst genau. Vielleicht werden Sie dann ja feststellen, dass einige Stimmungsschwankungen oder Phasen von Lust und Unlust im Hinblick auf bestimmte Dinge und Aktivitäten enger mit den Zyklen der Natur zusammenhängen, als Sie bisher für möglich gehalten hätten.

sieht darin einen revolutionären Weg, am eigenen Leib zu erfahren, wie stark der Körper auf äußere Einflüsse reagiert.[32]

Wenn Sie sich erst einmal bewusst mit den Einflüssen der Naturzyklen auf den menschlichen Körper auseinander setzen und Ihre Erfahrungen in Ihrem Tagebuch festhalten, werden Sie erkennen, welchen Einfluss der Mond und die Jahreszeiten auf Sie haben. Dann können Sie beginnen, mit den Kräften der Natur und des Mondes zu arbeiten: So können Sie zum Beispiel die Kraft des Mondes mit Hilfe einiger Übungen ganz bewusst für sich nutzen.

Am besten eignen sich die folgenden Übungen für die Sommermonate, in denen man sich gern im Freien aufhält. Wenn Sie wollen, können Sie sich mit anderen Frauen bei Vollmond auf einer Wiese treffen, um gemeinsam die Kraft des Mondes zu erfahren. Dann kann eine von Ihnen die Anleitung vorlesen, während die anderen die Übungen machen. Sie können aber auch allein in Kontakt mit dem Mond treten.

Das können Sie tun:

Bevor wir mit den Übungen beginnen, möchte ich Ihnen ein paar Tipps zur optimalen Ausgangsstellung geben: Achten Sie bei allen Übungen darauf, eine entspannte Haltung einzunehmen. Prüfen Sie, ob Sie in der jeweiligen Haltung tatsächlich frei atmen können. Sollten Spannungen entstehen, stellen Sie sich ein wenig anders hin. Suchen Sie so lange nach der richtigen Haltung, bis es für

Sie wirklich stimmt. Stehen Sie entspannt, oder sind Ihre Beine eher durchgedrückt und angespannt? Sind Ihre Schultern entspannt? Versuchen Sie, sie ganz locker zu lassen. Geben Sie die Last, die Sie täglich auf Ihren Schultern tragen, während der Übungen einmal ab! Und wie steht es mit Ihrem Gesicht? Beißen Sie die Zähne bei den Übungen zusammen, oder lassen Sie Ihren Unterkiefer locker? Je entspannter Sie stehen, desto besser werden Sie die Energie des Mondes aufnehmen können.

Mit der Mondenergie atmen

Nehmen Sie über die Füße Kontakt mit dem Boden auf. Dann wenden Sie sich dem Vollmond zu. Schließen Sie die Augen und versuchen Sie, die Kraft und Energie des Mondes zu spüren. Atmen Sie diese Energie durch den Mund ein, ziehen Sie sie tief in den Bauch hinein und versuchen Sie, sie dort ein Weilchen zu halten. Dann schlucken Sie und atmen danach wieder aus. Die Mondenergie lädt den Atem mit Kraft auf und verteilt sich so im ganzen Körper. Wiederholen Sie diese Übung ein paar Mal.

Mit der Mondenergie in den ganzen Körper atmen

Halten Sie die Augen wie bei der vorigen Übung geschlossen. Nehmen Sie auch hier erst einmal Kontakt zum Boden und dann zum Mond auf. Atmen Sie dreimal durch die Nase ein und aus. Stellen Sie sich dabei vor, wie die Energie des Mondes Ihren Rücken herunterläuft und die Kanäle entlang der Wirbelsäule energetisch auflädt.

Die heilende Energie des Mondes durchströmt alle Zellen und Bereiche Ihres Körpers – Füße und Beine, Hände und Arme, Rücken, Bauch, Kopf, Gesicht – und füllt die inneren Organe mit frischer Energie. Beim Ausatmen verlässt negative und verbrauchte Energie Ihren Körper.

Mit der Mondenergie in den Bauch atmen

Sie stehen wieder aufrecht, das Gesicht dem Mond zugewandt. Richten Sie Ihre Aufmerksamkeit nun auf den Bereich unterhalb des Nabels und atmen Sie entspannt ein und aus. Stellen Sie sich vor, dass eine unsichtbare Verbindung – eine Art »Kanal« – zwischen Ihrem Bauch und dem Mond entsteht. Von diesem Kanal aus fließt beim Einatmen goldgelbe Mondenergie in Ihren Bauch und verteilt sich von dort aus in alle Zellen Ihres Körpers. Beim Ausatmen steigt verbrauchte Energie zum Mond auf und wird dort transformiert.

Mit der Mondenergie in den Rücken atmen

Stellen Sie sich mit dem Rücken zum Mond und richten Sie Ihre Aufmerksamkeit auf den Bereich zwischen den Schulterblättern. Stellen sie sich auch hier vor, dass eine Verbindung zwischen dem Mond und dieser Körperregion entsteht. Atmen Sie durch die Nase ein. Dabei strömt die Mondenergie zwischen den Schulterblättern die Wirbelsäule entlang in den Körper und erfüllt ihn mit frischer Energie. Beim Ausatmen strömt die verbrauchte Luft zum Mond und wird dort transformiert.

Aufstieg und Niedergang der weiblichen Kultur

Wir sind groß, weil wir auf den Schultern unserer Ahninnen stehen.
Yoruba-Sprichwort

Wie sehr die Frau – ihre Weiblichkeit, ihre Geschlechtsorgane und ihre Kraft – einst verehrt wurde, wissen wir bereits. Diese Verehrung ging sogar so weit, dass ihr die Führerschaft in religiösen, sozialen und kulturellen Bereichen anvertraut wurde. Wie sich die Entwicklung von der Vormachtstellung der Frau bis hin zu ihrer völligen Abwertung vollzog, wird uns jetzt beschäftigen. Diese Darstellung erscheint deshalb so wichtig, weil viele Frauen mit einem oft unbewussten Schuld- und Schamgefühl zu kämpfen haben, dessen Ursprung sie sich nicht erklären können. Dabei könnte es sich um eine Art »kollektives Schuldgefühl« handeln, das der Frau im Verlauf der Geschichte gewissermaßen aufoktroyiert wurde. Aber weder eine einzelne Frau noch die Frau an sich als Vertreterin des weiblichen Geschlechtes kann für diese Entwicklung verantwortlich gemacht werden.

Der Zeitraum von etwa 100 000 Jahren vor Christi Geburt bis weit in die Jungsteinzeit hinein wird von vielen Feministinnen als Zeit des Matriarchats beschrieben. In dieser Gesellschaftsform herrschte das so genannte Mutterrecht vor, was bedeutete, dass Abstammung und Erbfolge durch die weibliche Linie erfolgten[1].

Die Mädchen blieben damals auch als fruchtbare Frauen bei der Mutter. So bildeten Frauengemeinschaften mit Kindern den Kern dieser Gesellschaften. Sowohl der Name der Familie als auch das Erbe blieben in der weiblichen Linie. Die Töchter erbten also den gesamten Besitz, während die Söhne fortzogen, um anderswo ihr Glück zu finden. Die Männer lebten bei den Frauen oder waren dort nur als Besucher. Es spielte keine so bedeutende Rolle wie heutzutage, wer der Vater eines Kindes war. Die Kinder hatten immer mehrere Bezugspersonen, die für sie da waren und sie großzogen.

In wirtschaftlicher, religiöser und sozialer Hinsicht spielte sich alles hauptsächlich in Frauennetzwerken ab. Die Männer hatten primär die Aufgabe, sich mit um die Nahrungsbeschaffung für Frauen und Kinder zu kümmern und sie vor Feinden zu schützen. Diese Form der familiären Zuordnung findet sich auch heute noch in manchen Gemeinschaften, unter anderem bei einigen nordamerikanischen Indianerstämmen wie zum Beispiel den Irokesen oder auch in der Stadt Juchitan in Mexiko, der »Stadt der Frauen«.

Diese Art des Zusammenlebens hat Vor- und Nachteile. Es gibt Frauen, die sich das Matriarchat als Gesellschaftsform für unsere Zukunft wünschen, andere halten es nicht für erstrebenswert. Die Mehrheit der Frauen, so scheint mir, setzt sich heute eher für eine partnerschaftliche Aufteilung aller privaten und beruflichen Bereiche und Verpflichtungen ein, die allerdings auch wieder ihre Tücken hat.

Es gibt keine ideale Lösung, die allen Ansprüchen gerecht wird. Mir geht es hier auch gar nicht darum, eine bestimmte Gesellschaftsform als ideales Modell zu glorifizieren, sondern eher um das Wissen, dass unsere jetzige Gesellschaftsform keineswegs von Natur aus vorgegeben ist, sondern dass viele Formen denkbar und lebbar sind. Dem Zeitraum von etwa 100 000 Jahren des Matriarchats steht eine im Verhältnis dazu relativ kurze Zeitspanne des Patriarchats gegenüber. Vor dem Hintergrund des Wissens um die Geschichte des Matriarchats, in dem das weibliche Prinzip verehrt wurde, kann das heute bestehende Patriarchat eher als ein von Menschen gemachtes und damit auch veränderbares System angesehen werden.

Im Matriarchat galt jedes Haus einer Matriarchin als Tempel einer Göttin. Später wurde dann in Griechenland der Landbesitz als *temenos*, als »Land, das dem Mond gehört« – also der Frau –, bezeichnet. Damit war insbesondere das Land gemeint, das den Tempel einer Göttin umgab.[2]

Die weibliche Vormachtstellung zu Zeiten des Matriarchats spiegelte sich auch in der Kunst und im Handwerk wider: Weibliche Figuren oder Geschlechtsteile waren in vielen Variationen auf Schüsseln, Kesseln, Töpfen und anderen bauchigen Gefäßen abgebildet.

Darüber hinaus prägte Spiritualität den von Frauen bestimmten Alltag. Das Leben war durchzogen von vielen Ritualen, in denen die Große Göttin von der ganzen Gemeinschaft angebetet wurde. In kultischen Handlungen wurde die weibliche Fruchtbarkeit – die sich in der Natur sowie in der Frau widerspiegelt – verehrt. Diese Rituale wurden an spirituell bedeutungsvollen Plätzen, die an weibliche Genitalien erinnerten oder die Weiblichkeit schlechthin symbolisierten, zu ganz bestimmten Zeiten abgehalten. Der damalige Ritualkalender, der sich am Regelzyklus der Frau orientierte, sensibilisierte den Körper – die Nähe zur Großen Göttin wurde spürbar. Die Zeit der Menstruation wurde in Form von verschiedenen Kulthandlungen in Tempeln oder Höhlen gefeiert und für Weissagungen oder Offenbarungen genutzt. Die Erkenntnisse, die während dieser regelmäßig durchgeführten Zeremonien, die sich an Zyklen der Natur und der Frau orientierten, gewonnen wurden, flossen in das soziale Leben ein und waren für die ganze Gemeinschaft von Nutzen.

Das Matriarchat, das in frühen Zeiten fast überall herrschte, behielt seine Vormachtstellung über einen langen Zeitraum hinweg bei. Erst durch den Übergang der ursprünglichen Jäger- und Sammlergesellschaften zu Ackerbau und Viehzucht mit Sesshaftwerdung, Haustierhaltung und Anbau von Pflanzen, durch Völkerwanderungen, Klimaveränderungen und andere, noch nicht gänzlich erforschte Umstände veränderte sich die Lebensform der Menschen schließlich. Der Übergang vom Matriarchat zum Patriarchat vollzog sich schrittweise über mehrere Jahrhunderte hinweg. Die Machtverhältnisse verschoben sich, es ging immer mehr um Landerwerb, Konkurrenz, Besitz und um Machtansprüche. Der Glaube an die Große Göttin und die dazugehörigen kultischen Handlungen verloren an Bedeutung und damit auch die matrilineare Vormachtstellung sowie der spirituell geprägte und mit rituellen Handlungen durchzogene Alltag.

In den verschiedensten Bereichen sorgte »man« für die Entmachtung der Frau. So wird zum Beispiel an manchen alten Mythen, die noch aus Matriarchaten stammen, deutlich, wodurch die ursprüngliche Vormachtstellung der Frau unterstützt wurde. Märchen aus Patriarchaten dagegen zeigen häufig, mit welchen Hilfsmitteln Männer diese Stellung untergruben.

Der Sturz der Frau in Mythen und Märchen

Viele Märchen und Geschichten wurden in dieser Zeit des Umbruchs sozusagen als »gesellschaftliches Hilfsmittel« eingesetzt, um bestimmte Moralvorstellungen und erwünschte Rollenbilder zu verfestigen. Sie wurden in die Welt gesetzt, um Frauen ihre Entmachtung und ihre veränderte Stellung in der Gesellschaft deutlich zu machen. Diese Geschichten zeigten nicht mehr die weise, kraft- und machtvolle Frau und Göttin früherer Zeiten, sondern ein eher schutzbedürftiges Wesen – dazu geboren, dem Mann zu dienen und ihm Kinder zu schenken.

Die ursprünglich enormen Kräfte und Fähigkeiten von Frauen und deren Verlust kommen in einigen Märchen deutlich zum Ausdruck. Nach Luisa Francia symbolisieren in diesen Geschichten Töpfe und Kessel den Bauch der Frau, der ursprünglich für Fruchtbarkeit und Leben stand.[3] In Mythen, die die starke Stellung der Frau hervorheben, kommt häufig ein Zauberkessel vor, aus dem entweder Leben oder Tod hervorgeht. Viele Prüflinge mussten im Märchen in diesem Kessel rühren und das Feuer unter dem Kessel schüren, durften aber nichts anbrennen lassen. In der Mythologie der Göttinnen war immer wieder die Rede von einer ganz besonderen magischen Substanz, die in einem Kessel zubereitet wurde. Schon ein paar Tropfen davon konnten einem Menschen zu ganz besonderen Fähigkeiten wie zum Beispiel der Zauberei verhelfen. Der überschäumende Kessel, der nicht zu kontrollieren ist, symbolisierte die wilde Sexualität der Frau, die verschlingende Vulva und die Gefährlichkeit des Blutes.

Mit Beginn des Patriarchats wurde die weibliche Stärke durch den Mann gebrochen, auch die weiblichen Symbole wurden von ihm übernommen. Der Übergang vom Matriarchat zum Patriarchat spiegelt sich in vielen Märchen wider.

Diese Entwicklung lässt sich zum Beispiel am Märchen vom »König Drosselbart« deutlich ablesen. Darin zertrümmert König Drosselbart alle Töpfe der Prinzessin und bricht damit symbolisch ihren Willen, beraubt sie ihres Bauches und ihrer Fruchtbarkeit. Als sie verzweifelt die Scherben einsammelt, bietet er ihr die Hochzeit an und vermittelt ihr damit das Gefühl, in Zukunft für sie sorgen zu wollen.

Auch in »Das tapfere Schneiderlein« versucht der Mann, die »wilde Sau« zu zähmen, das heißt, mit der eigenständigen Kraft der Frau fertig zu werden.[4] Das tapfere Schneiderlein sperrt ein frei im Wald laufendes, »zähnefletschendes und schäumendes Wildschwein« in eine Kapelle, geht zum König und sagt: »Die Sau hab ich gefangen und die Königstochter damit auch.«

Der Bezug ist offensichtlich: Eine der am weitesten verbreiteten Tiergestalten der Göttin war die »weise Sau«. Mit ihren dreizehn Zitzen – wie sie zum Beispiel im Tarxien-Tempel von Malta dargestellt wird – symbolisiert sie das »Mondtier«, das die dreizehn Mondumläufe des Jahres verkörpert. Aber auch im Buddhismus spricht man von *Marici*, der »Diamantsau«, einer großen Göttin, die auf ihrem Lotosthron sitzt und von sieben Schweinen bedient wird.[5]

So wird an diesen Märchen deutlich, dass aus der starken, weisen Frau ein hilfsbedürftiges und schwaches, zugleich aber auch treu dem Mann dienendes Weib gemacht werden sollte. Aber nicht nur Mythen- und Märchenerzähler schwächten die Position der Frau. Auch namhafte Philosophen wie Hippokrates, Aristoteles und Phythagoras degradierten die Frau zu einem schwachen, dem Manne in jeder Hinsicht unterlegenen Geschöpf.[6]

Mit der wachsenden Macht der Kirche wurde die Frau zunehmend als körperlich und geistig schwach, moralisch verwerflich und spirituell minderwertig angesehen. All jenen Elementen der Weiblichkeit, denen einst eine heilende und heilige Bedeutung zukam – wie zum Beispiel dem Menstruationsblut –, wurde später ein eher vernichtender, ja sogar Ekel erregender und tödlicher Aspekt zugeschrieben.

Im Jahre 65 nach Christus schrieb Plinius der Ältere, dass sich nicht leicht etwas finden ließe, was bemerkenswerter sei als der Blutfluss der Frau. Jede Berührung damit verderbe die Ernten, verheere die Gärten, vernichte die Keime, lasse die Früchte vom Baum fallen, töte die Bienen. Berühre sie den

Wein, so werde er zu Essig; die Milch werde sauer. Der Glanz von Spiegeln und Elfenbein trübe sich, stählerne Schneiden würden stumpf und sogar Bronze und Eisen würden augenblicklich rosten und die Luft mit entsetzlichem Gestank erfüllen. Hunde, die daran leckten, würden toll, und ihr Blut sei unheilbar giftig.[7] Somit wurde die Menstruation zwar als »natürlicher Aderlass« betrachtet, das Blut selbst aber als »giftig« angesehen.[8]

Auch die Gebärmutter, die einst als Geburtsort sämtlicher Gottheiten galt, wurde immer mehr zu einem Organ degradiert, das anfällig für Krankheiten und noch dazu für die »hysterischen Zustände« der Frau verantwortlich war.

Die Göttinnen wurden fast überall auf der Welt von einem Gott verdrängt, die weiblichen Heilerinnen durch männliche Ärzte ersetzt. Viele Äußerungen und Verhaltensweisen spiegeln wider, dass die Männer, die jetzt die Herrschaft innehatten, durchdrungen waren von einer unsäglichen Angst vor dem weiblichen Geschlecht.

Die Stellung der Frau im Christentum

Das Christentum begann viele Elemente des weiblichen Glaubens zu übernehmen. Sakrale Bauten, die im Sinne der weiblichen Göttinnen errichtet worden waren, wurden durch gotische Kathedralen ersetzt. Teile des spirituellen Wissens der Frauen flossen in den christlichen Glauben mit ein.[9] Aus vielen verschiedenen Göttinnen wurde die eine Jungfrau Maria, aus dem Symbol des Kessels, dem Bauch der Frau, der heilige Kelch, aus ihrem heiligen Blut das Blut Christi. Die Menschen wurden nicht mehr durch die große Göttin geboren, sondern Eva – wie es nun hieß – aus einer Rippe Adams erschaffen. Zur Vertreibung aus dem Paradies sollte es nur gekommen sein, weil Eva Adam verführt hatte – somit war die Frau mit ihrer Körperlichkeit die Ursache für den Verlust des Paradieses. Diesen Standpunkt nahmen auch Frauen wie zum Beispiel die Äbtissin Hildegard von Bingen (1098–1179 n. Chr.) ein. Sie sah im »Sündenfall« den Ausgangspunkt der Menstruation – als Strafe für die Verfehlung Evas. Die »weiblichen Gefäße« wären ihrer Meinung nach alle unversehrt und geschlossen geblieben, wenn Eva Adam nicht verführt hätte.[10]

Jetzt galt die Frau nicht mehr als göttlich, sondern stand im Verbund mit den Dämonen. Allem voran wurde das weibliche Geschlecht – das einst in Kulten und Ritualen angebetet worden war – für das Böse auf der Welt verantwortlich gemacht. Die Sexualität der Frau wurde zur »Erbschuld«, die weibliche Körperlichkeit abgespalten und mit Schuld und Scham behaftet. Der Zyklus mit seiner heiligen Wandlung und die weibliche Lust waren plötzlich verdammt, das Geschenk des Frauseins zum Fluch geworden. Sexualität wurde als Sünde, die Menstruation als unrein und gefährlich angesehen.

Dazu kam noch, dass die Frau gewissermaßen »geteilt« und dadurch massiv geschwächt wurde. Auf der einen Seite hatte eine verführerische Frau Geschlechtsverkehr, ohne schwanger zu werden, auf der anderen Seite wurde uns die Jungfrau Maria als die Frau präsentiert, die ohne Geschlechtsverkehr schwanger wurde. Maria Magdalena erklärte man zur Sünderin, die Jungfrau Maria zum Ideal und Vorbild für Frauen schlechthin. Sie wurde als die Keusche und Reine dargestellt. Ihre göttliche Reinheit wurde von manchen katholischen Theologen auch damit begründet, dass sie nie menstruiert haben soll.[11]

Sexualität aus reiner Lust, die nicht zur Zeugung diente, wurde abgelehnt und für »sündhaft« erklärt. Frauen sollten beim Akt nur noch eine passive Rolle spielen und dem Mann als Gefäß für seinen Samen dienen, statt sich und ihm sexuelle Lust zu bereiten.

Die Tatsache, dass Frauen menstruieren, diente als Grund, sie zunehmend vom kirchlichen, sozialen und wirtschaftlichen Leben fern zu halten. Derartige Vorschriften finden sich sogar schon im Alten Testament im dritten Buch Mose.[12] Es war Frauen untersagt, die Kirche während der Menstruation zu betreten. Öffentliche Macht, eigenständige Berufe und das Betreiben von Geschäften, insbesondere der Heilkunde, wurden Frauen aufgrund ihrer körperlichen Vorgänge ganz untersagt. Mit der Hexenverbrennung im Mittelalter gelang es dann, das enorme weibliche Wissen größtenteils zu vernichten und die Macht der Frauen über Leben und Tod ganz in Männerhände übergehen zu lassen.

Die Zeit der Hexenverbrennungen

In allen Kulturen spielte die Frau als Heilerin ursprünglich eine große Rolle, aber nirgends erfuhr sie ein so trauriges Schicksal wie in großen Teilen Europas und der Neuen Welt. Dort wurde sie von der Heilerin zur Hexe degradiert, zu Unrecht verurteilt und verbrannt. Noch um das Jahr 1150 n. Chr. konnten Frauen wie zum Beispiel Hildegard von Bingen – meistens im Schutz der Kirche – als Heilerinnen arbeiten und hohes Ansehen erlangen. Dann jedoch begann die Zeit der Hexenverfolgungen, der zwar auch Männer, vor allem aber eine große Zahl von Frauen zum Opfer fielen. Sie erstreckte sich über mehrere Jahrhunderte und brachte unsägliches Leid über viele Frauen.

Frauen arbeiteten damals vielfach selbstständig, zum Beispiel als Handwerkerinnen, Bäuerinnen, Heilerinnen, Zauberinnen, Astrologinnen und Prophetinnen.[13] Als Hebammen verfügten sie über besondere Fertigkeiten und setzten die unterschiedlichsten Kräuter, magische Zauberformeln und menstruelles Blut bei Krankenbehandlungen und als Liebeszauber ein. Unter das Essen des Geliebten gemischt, sollte es ihn an die Frau binden und ihn ihr gefügig machen. Von der Anwendung des Liebeszaubers wird – allen Hexenverfolgungen zum Trotz – noch bis ins 20. Jahrhundert hinein berichtet.[14]

Hexen und menstruierenden Frauen wurden aufgrund ihrer besonderen Fähigkeiten von jeher ähnliche Merkmale zugeschrieben. Beide wurden wegen ihrer magischen Kräfte und ihrer Heilkunst als bedrohlich und unberechenbar angesehen. Die Hexe, die das Prinzip der Verwandlung verkörpert, symbolisiert die menstruierende Frau, die zyklisch ihre Physiologie und ihr Wesen verändert.

Die Macht der Kirche, die auch von namhaften Philosophen gestützt wurde, nahm immer weiter zu. Um ihren Feinden entgegenzuwirken, richtete die Kirche schließlich die »Heilige Inquisition« ein. Hauptanklagepunkte gegen vermeintliche Hexen waren unter anderem Geschlechtsverkehr mit dem Teufel, orgiastische und blutige Rituale oder okkulte Kenntnisse und Fähigkeiten.

Schon dass Frauen durch die natürliche Reinigung in Form der Menstruation resistenter gegen Krankheiten waren als Männer, nahm die Kirche zum Anlass, sie anzuklagen. Den Frauen wurde vorgeworfen, sich durch Magie vor der Pest zu schützen und diese Kräfte sogar gegen Männer einzusetzen. Das Gegenteil zu beweisen war natürlich nicht möglich.

Mit der Erfindung des Buchdrucks und dem Erscheinen der berüchtigten Schrift *Der Hexenhammer* verschärfte sich die Verfolgung der Frauen noch. Er wurde in verschiedenen Sprachen veröffentlicht und diente in der damaligen Gerichtspraxis als Richtlinie, um so genannte »Hexen« zu überführen. Der »Hexenhammer« war das einflussreichste Buch jener Zeit und erreichte bereits vor 1669 die 30. Auflage. Obwohl auch Männer in diesem Zusammenhang verfolgt wurden, schürte dieses Buch vor allem die Urangst des Mannes vor der Frau.

Eine der größten Ängste des Mannes war es, von Hexen

Gut zu wissen

Die Heilerinnen im Mittelalter setzten die unterschiedlichsten Pflanzen – wie zum Beispiel die Alraune, das Bilsenkraut, die Distel, Krötenkräuter wie den Löwenzahn und die Kamille sowie Nesseln – zu Heilzwecken ein. Bei Menstruationsbeschwerden verwendeten sie unter anderem auch »Frauenkraut« wie die Zitronenmelisse und das Johanniskraut. Als gynäkologisches Universalmittel galt bei ihnen der Beifuß.

unfruchtbar gemacht zu werden. Sogar ein Gelehrter wie Thomas von Aquin behauptete damals, dass wahrscheinlich eine Hexe dahinter stünde, wenn das Zeugungsorgan eines Mannes versagte.

Die Inquisitoren verkündeten, dass Heilung von Körper und Seele nur von Gott und seinen rechtmäßigen Stellvertretern auf Erden vollbracht werden könne und dürfe.[15] Trotzdem handelte man sehr inkonsequent: Wenn ein Arzt einem kranken Adeligen oder Geistlichen nicht helfen konnte, wurde nach wie vor eine Heilerin ans Krankenbett gerufen.

Neben magischen Beschwörungen, Ritualen bei Vollmond und während der Menstruation sowie Wahrsagerei verwendeten viele Heilerinnen auch toxische und alkaloide Heilpflanzen. Die pharmakologische Bedeutung und Wirkung dieser Pflanzen war damals noch weitgehend unbekannt. Die Kirche glaubte daher nicht, dass Pflanzen heilende Wirkstoffe enthalten könnten, sondern ging davon aus, dass Frauen, die Pflanzen zur Heilung einsetzten, durch Anrufung des Teufels oder Gottes eine Heilwirkung erreichten.

Obwohl die Heilerinnen mit ihren Methoden oft größere Heilerfolge aufwiesen als viele Ärzte, ließ die Kirche Frauen, die mit diesen Mitteln arbeiteten, häufig als Hexen verbrennen.

Es war jedoch nicht nur die magische Kraft der Heilerinnen, vor der sich die Männer fürchteten. Es waren auch die Ingredienzien, die Angst und Ekel bei ihnen auslösten. So verwendeten die Hexen der Überlieferung nach für manche Rezepte unter anderem zum Beispiel Menstruationsblut, Vaginalsekret, Fledermausblut, Drachenfett und Kot.

Die Angst der Männer vor der weiblichen Kraft war so groß, dass sie Handlungen wie das Umbringen von Heilerinnen als vermeintliche Hexen wohl vor allem als Erleichterung und Stärkung der eigenen Macht empfanden. Mit der Ermordung dieser Frauen gaben sie jedoch auch ein jahrtausendealtes Wissen dem Untergang preis.

Die endgültige Zähmung

Das Verbot für Frauen, in Heilberufen zu arbeiten, blieb auch nach der Hexenverfolgung bestehen. So entwickelten sich Naturwissenschaft und Medizin zu einer reinen Männerdomäne. Die Natur wurde nun nicht mehr als »göttlich« betrachtet, sondern allein durch die »Vernunft« erklärt.

Kultur, Wissenschaft und abstraktes Denken wurden als Zeichen des Fortschritts angesehen und höher bewertet als Erkenntnisse, die noch die natürlichen und spirituellen Zusammenhänge mit einbezogen. Paracelsus, einer der bedeutendsten Ärzte des ausgehenden Mittelalters und Begründer der modernen Medizin, trug zu dieser Spaltung in Natur und Kultur im Vorfeld wesentlich bei. Er berief sich einerseits zwar darauf, sein Wissen den »weisen Frauen« zu verdanken, verurteilte aber andererseits genau diese Frauen, seine früheren Lehrmeisterinnen. Er verstärkte zum Beispiel noch den giftigen Charakter, der dem Menstruationsblut ohnehin zugeschrieben wurde, indem er es als »Unflat, dem kein Gift auf Erden gleichen mag«, bezeichnete.[16]

Natur und Körper wurden eher den Frauen zugeordnet und abgewertet. Frauen galten wegen ihrer natürlichen Körperfunktionen als dem Mann psychisch, geistig und sozial unterlegen; sie sollten sich auf ihre biologischen Fähigkeiten beschränken und dem Manne untertan sein.

Der kraftvolle weibliche Körper wurde Schritt für Schritt durch Abwertung geschwächt und unter Kontrolle gebracht. Die männliche Ärzteschaft und die Wissenschaft eroberten durch systematische Pathologisierung schließlich die Kontrolle über den weiblichen Körper.

Erst um 1920 begann sich das Blatt dann langsam wieder zu wenden. Die Hormone wurden entdeckt und die Frau nun nicht mehr als von Natur aus krank, sondern als bestimmten Hormonschwankungen unterworfen angesehen.

Als dann schließlich die »Pille« auf den Markt kam, war

das für viele Frauen in mehr als einer Hinsicht eine Befreiung. Sie wurde und wird auch heute noch häufig nicht nur als Mittel zur Empfängnisverhütung, sondern auch zur Behebung von Menstruationsbeschwerden eingesetzt. Allerdings kommt es durch die permanente Vortäuschung einer Schwangerschaft auch nicht mehr zu einer natürlichen Regelblutung, sondern nur noch zu einer »Entzugsblutung«, was einen starken Eingriff in den natürlichen Zyklus darstellt.

Einen ganz wesentlichen Beitrag zur Verbesserung der sozialen Stellung der Frau leisteten natürlich die vielen Frauenbewegungen, Feministinnen und Ethnologinnen, die sich mit großem Engagement für die Rechte und die Würde der Frau einsetzten.

Mittlerweile beginnen nun auch Männer, die Frau wieder mehr und mehr zu achten und sich für ihre ganz besondere Kraft und Sensibilität zu öffnen. Eine neue Zeit beginnt, in der sich Frauen wie Männer wieder mehr der weiblichen Macht zuwenden können, ohne befürchten zu müssen, von ihr – wie das Christentum es lange gesehen hat – absorbiert und »verhext« zu werden.

Um zu einem neuen Verständnis der weiblichen Macht zu gelangen, erscheint es sinnvoll, die Begriffe »Macht« und »Herrschaft« einmal genauer zu untersuchen und zu definieren, damit wir in Zukunft auf eine konstruktivere Art und Weise damit umgehen können.

Weibliche Macht

> Weibliche Weisheit ist eine Intelligenz, die im Herzen der Schöpfung entsteht. *Deepak Chopra*

In früheren Zeiten wurde der Göttin, der Frau und ihrer Weiblichkeit eine machtvolle Stellung in der Gesellschaft zugestanden. Frauen leiteten, wie wir gesehen haben, matrilinear organisierte Gesellschaften. Mit dem Aufkommen der patriarchalen Gesellschaftsstrukturen, in denen Männer die Vorherrschaft übernahmen, bekam Macht eine völlig andere Bedeutung.

Somit ist der Begriff »Macht« in unserer heutigen Gesellschaft oft negativ belastetet. Wir verbinden mit Macht häufig »Herrschaft«, weil wir meist nur die Form von Macht kennen, in der eine Person oder eine Gruppe über andere Menschen herrscht.

Speziell Frauen sehen Macht häufig als etwas eher Negatives an und scheuen sich auch oft, wirklich Macht zu übernehmen. Viele Frauen wurden von denen, die die Macht innehatten, schon in ihren Grenzen verletzt – sei es durch körperliche oder seelische Gewalt – und somit eher »ohnmächtig«.

Die ursprüngliche Bedeutung des Wortes Macht ist jedoch eine positive: »Macht« kommt eigentlich von »machen«. Macht bedeutete, dass eine Person für einen bestimmten Bereich verantwortlich »gemacht« wurde, die Führung übernahm und zum Wohle aller handelte und »machte«. In der

Geschichte hatten beide Geschlechter in verschiedenen Bereichen eine bestimmte Macht. Frauen wurden dann aber zum Großteil aus dem öffentlichen Leben verdrängt – ihr Machtbereich erstreckte sich schließlich nur noch auf ihren Haushalt. Seit einiger Zeit beginnt sich diese streng hierarchisch aufgebaute Struktur nun langsam wieder aufzulockern: Frauen treten verstärkt in öffentliche Machtbereiche ein.

Die beiden Ethnologinnen Ilse Lenz und Ute Luig haben den Begriff Macht in frauenzentrierten Gesellschaften untersucht.[17] Macht bedeutet in diesen Gemeinschaften nicht Herrschaft, sondern Autonomie. Es gibt verschiedene »Machtfelder«, in denen Frauen einfach mehr Wissen und damit auch Autorität besitzen: zum Beispiel den Bereich der Fruchtbarkeit und des Lebens. Frauen stehen in engem Kontakt zur Natur, kümmern sich um die Landwirtschaft, sorgen für Fruchtbarkeit auf den Feldern und gebären Kinder. Sie übernehmen Macht im Hinblick auf den Körper und die Sexualität – die Verantwortung für Gesundheit und Lust liegt in erster Linie bei ihnen. Auch der in solchen Gesellschaften sehr wesentliche Bereich der religiösen und spirituellen Ordnung liegt in der Verantwortung von Frauen. Bei dieser Form von Macht geht es nicht um Herrschaft, sondern um einen verantwortlichen Umgang mit den eigenen Fähigkeiten. Das bedeutet vor allem, »seiner selbst mächtig« zu sein, »Eigen-Macht« zu übernehmen. So können diese Frauen ihre Stärken wirklich erkennen und zum Wohle aller einsetzen.

Starhawk, eine führende Vertreterin der feministischen Spiritualität, beschreibt drei verschiedene Arten von Macht:

Macht, die mit Herrschaft und Kontrolle verbunden ist: Diese Art Macht entsteht aus dem Bewusstsein der Entfremdung heraus. Die Welt wird als aus isolierten, leblosen Teilen zusammengesetzt verstanden und rein analytisch betrachtet. Nicht das Wesen, sondern allein der äußere Wert zählt. Alles wird benutzt und kontrolliert, auch Gewalt und Krieg werden als Mittel eingesetzt.

Macht von innen, die mit den Mysterien des Lebens verknüpft ist und unsere tiefsten Fähigkeiten und Möglichkeiten wachruft: Diese Macht kann als Gefühl der Meisterschaft betrachtet werden. Sie entsteht aus einem Gefühl der Verbundenheit mit allem Lebendigen heraus. Eine innere Quelle, die bei allen Handlungen spürbar sein kann, nährt unser Leben.

Gemeinsame Macht, die entsteht, wenn sich zum Beispiel viele Frauen zusammentun, um ihre Menstruation oder die Lebendigkeit ihres Körpers zu würdigen und zu feiern. Gemeinsame Macht ist die stärkste Form der Macht, um etwas zu bewirken und in die Gesellschaft einzubringen.[18]

Weibliche Macht will niemanden stürzen, verändern oder missionieren. Weibliche Macht will einfach gelebt werden. Frauen wollen ihre ureigenen Fähigkeiten entwickeln und in die Gemeinschaft einbringen. »Wiederaneignung der Eigenmacht« ist der Schlüssel dazu. Dabei geht es in erster Linie um die Macht, die tief im Inneren entsteht, wenn eine Frau ihren Körper wieder spürt und nährt. Dieser Quelle können Fruchtbarkeit, Kreativität, Ideen und Visionen entspringen. Durch gegenseitige Unterstützung und Vernetzung der Frauen untereinander lässt sich diese Macht und Kraft bündeln und potenzieren. Durch weibliche Macht wird unsere Gesellschaft nicht radikal verändert, sondern sie wird reicher – reicher an Werten, an Kraft, Gesundheit, Lebendigkeit und Lust, an Kommunikation und Selbstverantwortung.

Die folgenden Fragen können Ihnen dabei helfen, wieder Zugang zu dieser positiven weiblichen Macht zu bekommen.

Das können Sie tun:

Wenn Sie herausfinden wollen, wie es Ihnen ganz persönlich in Bezug auf das Thema Macht ergeht, können Sie Ihr Tagebuch zur Hand nehmen und versuchen, die folgenden Fragen ganz spontan zu beantworten:

- ▶ Was löst das Wort Macht in mir aus?
- ▶ Übt jemand Macht über mich aus?
- ▶ Übe ich Macht über jemanden aus?
- ▶ Gibt es Situationen in meinem Leben, in denen ich mich »ohnmächtig« fühle?
- ▶ Gibt es Situationen, in denen ich mich besonders mächtig fühle?
- ▶ In welchen Bereichen wünsche ich mir mehr Macht?
- ▶ Was in mir oder in meiner Umgebung hindert mich daran, diese Macht auf positive und konstruktive Weise auszuleben?
- ▶ Wo möchte ich andere Grenzen ziehen und mehr Raum einnehmen, fühle mich aber ohnmächtig?
- ▶ Wie kann ich versuchen, »eigenmächtiger« zu werden?

Ich hoffe, dass Ihnen diese kurze Darstellung des Aufstiegs und Niedergangs der weiblichen Kultur einen Eindruck davon vermittelt hat, welche mächtige Stellung die Frau in der Gesellschaft einmal innehatte, welche Kraft der Menstruation einst zugeschrieben wurde und wie es im Laufe der Geschichte dazu kam, dass sie ihre Vormachtstellung verloren hat.

Jetzt ist die Zeit gekommen, in der wir an das zum Teil schon fast verloren gegangene Wissen unserer Ahninnen wieder neu anknüpfen und uns für die positive und kraftvolle Seite der Menstruation neu öffnen können.

Dass Frauen ihr ursprüngliches Selbstbewusstsein allmählich wiederfinden, hat sich bereits im letzten Jahrhundert gezeigt – besonders im beruflichen Bereich. Dort haben Frauen sich inzwischen viele Rechte erkämpfen können, und diese Entwicklung setzt sich auch zu Beginn des neuen Jahrtausends fort.

Nun ist es jedoch an der Zeit, dass sich Frauen auch der »körperlichen Schätze« wieder bewusst werden, die zum Beispiel in der Menstruation liegen. Denn in uns Frauen warten noch viele eng mit unserer Weiblichkeit verbundene Qualitäten und Fähigkeiten darauf, wiederentdeckt und weiterentwickelt zu werden.

Die Kraft hinter den Menstruationsbeschwerden

Wenn das Bauchziehen beginnt, spielen die Hormone wieder ihr Spiel, zeigen an, dass eine Geburt wieder nicht stattgefunden hat, als ob ich dafür büßen müsste, bin ich sensibel, verletzlich. CHAOS zeigt die Geburt meiner Person an. Ich bin in den Geburtswehen.

Regina Lederich[1]

Nach dem kulturhistorischen Teil des Buches wird es in diesem Kapitel nun um den Umgang mit Menstruationsbeschwerden gehen, die auch in einem geschichtlichen Zusammenhang betrachtet werden können. Untersuchungen zufolge leiden in unserem Kulturkreis die meisten Frauen an mehr oder weniger starken Menstruationsbeschwerden psychischer und/oder körperlicher Art. Dabei spielt sicher auch die Tabuisierung und negative Einstellung unserer Gesellschaft zu diesem Thema eine Rolle.

Sich mit diesen Beschwerden auseinander zu setzen beziehungsweise anzufreunden kann für Frauen eine Chance sein, zu ihrer eigentlichen Kraft, ihrem Kern, ihrem ureigenen Wesen vorzudringen. Weibliche Kräfte und intuitive Fähigkeiten sind leider häufig von Beschwerden gewissermaßen »überdeckt«. Daher ist es mir ein wichtiges Anliegen, in diesem Buch Wege aufzuzeigen, gerade über diese Beschwerden zu einer inneren Stärke zu gelangen.

Viele Frauen erleben die Menstruation immer wieder wie eine »kleine Geburt«. Bevor sie einsetzt, fühlen sie sich »voll« und aufgeschwemmt, unwohl und unruhig. Wenn die Blutung schließlich eintritt, fühlen sie sich wie »neu geboren«, werden ganz ruhig und sind sich selbst sehr nah.

Statt in dieser Zeit Pillen zu schlucken – oder zusätzlich dazu –, können Frauen ihre Symptome aber auch als »Helfer« betrachten, die ihnen wichtige Botschaften im Hinblick auf ihre eigene Körperlichkeit, ihr Frausein und ihre Lebenssituation übermitteln. Wenn Sie sich auf diesen Weg einlassen, werden Sie sich selbst immer besser kennen lernen und dadurch auch nach außen hin klarer und stärker auftreten.

Viele unterschiedliche Aspekte spielen bei Menstruationsbeschwerden eine Rolle. Wenn Sie beginnen, Ihre eigenen Symptome einmal zu hinterfragen, werden Sie vielleicht schon bald auf die geschichtliche Prägung und Tabuisierung stoßen, die sich in Ihrer eigenen Einstellung widerspiegelt. Womöglich werden Sie auch entdecken, dass Sie an Ihrer Lebensweise oder an Ihrem Rollenverständnis als Frau etwas verändern wollen. Oder Sie spüren, dass alte Geschichten hochkommen, und beschließen deshalb, Ihre Gefühlswelt einmal grundlegend neu zu ordnen. Es kann aber auch sein, dass Sie Lust bekommen, sich selbst einfach mehr zu spüren, sich mehr zu bewegen und bewusster zu ernähren.

Der folgende Teil des Buches kann Ihnen dabei helfen, Ihre menstruellen Beschwerden und andere typische »Frauenleiden« in einem neuen Licht zu sehen. Vielleicht bekommt die Diagnose »PMS« (prämenstruelles Syndrom) ja plötzlich

> ### *Gut zu wissen*
> 90 Prozent der Frauen registrieren vor und während der Menstruation psychische und körperliche Veränderungen. Frauen mit positiver Einstellung zur Menstruation leiden weniger an Beschwerden.[2]

einen neuen Namen, wenn Sie erkennen, dass das nur ein Symptom und die eigentliche Ursache dafür »Wut« oder »Trauer« war. Vielleicht Wut über das, was man all den Göttinnen und weisen Frauen längst vergangener Zeiten angetan hat. Oder Wut und Trauer über die Geschichte Ihrer Mutter und Ihrer Ahninnen, die Sie in sich tragen. Womöglich kommt auch Trauer auf damit über all die Kraft, sexuelle Lust und Kreativität, die Sie bislang unterdrückt haben, oder über die Erkenntnis, dass Sie sich lange Zeit selbst zu wenig geachtet und gespürt haben.

Vielleicht bekommen Sie ja Lust, sich Ihren Beschwerden jetzt einmal auf eine neue Art zu nähern, um tiefer zu sich selbst und zu Ihrer ureigenen kraftvollen Quelle der Weiblichkeit vorzudringen. Dann werden Sie auch erkennen, dass sich Menstruationsbeschwerden zunehmend auflösen können, wenn Sie mehr mit Ihren wirklichen Bedürfnissen in Kontakt kommen. Und Sie werden stärker werden, wenn Sie sich nicht mehr auf Ihre Schmerzen konzentrieren müssen, sondern intensiver mit dem unerschöpflichen Energiepotenzial verbunden sind, das jeder Frau innewohnt.

Gut zu wissen

Aus Untersuchungen geht hervor, dass Frauen, die ihre erste Blutung positiv erlebt haben, auch später kaum Beschwerden mit ihrer Menstruation haben. Positiv heißt, dass die Mütter und die Frauen in der Familie ebenso wie Freundinnen ein positives Frauenbild weitergegeben haben. Positiv heißt auch, dass Mädchen genügend körperliche Zuwendung, entsprechende Aufklärung und ein unbefangenes Verhältnis zum Frausein und zur Sexualität erfahren haben.[3]

Für Menstruationsbeschwerden werden zwar in erster Linie starke Hormonschwankungen verantwortlich gemacht, aber die Alternativmedizin sieht die Ursachen dafür doch viel umfassender. So haben Frauen zum Beispiel heute im Alltag kaum noch die Möglichkeit, ihren Bedürfnissen während der Menstruation nachzugeben, da sie häufig mehrere Rollen gleichzeitig ausfüllen müssen.

Das Problem im Umgang mit der Menstruation kann schon bei der »Menarche«, der ersten Menstruation, beginnen. Wie Frauen diese einschneidende Erfahrung erleben, wie ihre weiblichen Bezugspersonen – Mutter, Schwestern, Lehrerinnen und Freundinnen – damit umgehen: Das alles kann die eigene Einstellung zur Menstruation prägen.

Vielleicht hatten Sie ja das Glück, in einem Kreis von Frauen groß zu werden, die Ihre erste Periode mit Ihnen gefeiert haben. Dann wird die Wahrscheinlichkeit, dass Sie weniger oder gar keine Beschwerden haben, entsprechend groß sein.

Vielleicht hatten Sie aber auch das Pech, dass sich die Frauen in Ihrem Umfeld schämten, eine Frau zu sein. Dann konnten sie Sie natürlich auch nicht mit Freude im Kreis der Frauen willkommen heißen, sondern haben Ihnen eher ein Gefühl von Schuld und Scham oder vielleicht sogar den Eindruck vermittelt, dass es sich bei der Menstruation um ein

Das können Sie tun:

Wenn Sie sich näher mit Ihren ganz persönlichen Erfahrungen mit der ersten Blutung beschäftigen wollen, können Sie sich zum Beispiel einmal die folgenden Fragen stellen:

- Wie habe ich meine erste Blutung erlebt?
- Wer hat mich dabei unterstützt?
- Was hätte ich mir, wenn ich jetzt zurückdenke, damals gewünscht?
- Was hätte ich von anderen gebraucht, um ein positives Bild von der Menstruation und dem Frausein zu entwickeln?

Wenn Sie erst einmal herausgefunden haben, welche Erfahrungen hinter Ihrer eigenen Einstellung stehen, wird es Ihnen leichter fallen, die Menstruation nicht mehr als notwendiges Übel, sondern vielleicht sogar als Privileg zu betrachten!

krankhaftes oder »unreines« Geschehen handelt. Eine solche Einstellung ist natürlich die beste Voraussetzung dafür, dass Sie die Periode eher als Krankheit und als Last erleben. Dass daraus Beschwerden erwachsen können, ist nur die logische Konsequenz.

Vielleicht kann Ihnen dieses Buch dabei helfen, dass Sie solch einer bisher unbewussten negativen Einstellung zur Menstruation auf die Spur kommen und damit auch etwas daran verändern können.

Worunter Frauen am häufigsten leiden

Viele Frauen leiden vor und während ihrer Menstruation nicht nur unter Stimmungsschwankungen, sondern auch unter körperlichen Beschwerden und fühlen sich dadurch sehr belastet. Mit den häufigsten Menstruationsbeschwerden wollen wir uns hier einmal etwas näher befassen.

Das Prämenstruelle Syndrom (PMS)

Der Begriff »prämenstruelles Syndrom« oder »PMS« ist noch recht jung, er wurde erst in den achtziger Jahren des 20. Jahrhunderts geprägt. Das PMS tritt in den häufigsten Fällen bei Frauen zwischen dem 30. und 40. Lebensjahr auf.

Bislang wurden laut Forschungsergebnissen bereits über 150 Symptome für das prämenstruelle Syndrom erfasst, ohne dass eine definitive Ursache dafür genannt werden könnte. Unter dem prämenstruellen Syndrom werden alle Symptome zusammengefasst, die in der Zeit vor der Blutung auftreten. Sie können erst ein oder zwei, aber auch bis zu vierzehn Tage vor der Blutung einsetzen. Die Diagnose PMS wird gestellt, wenn diese Beschwerden jeden Monat wiederkehren, also zyklisch sind. Darunter fallen folgende Befindlichkeitsstörungen:

Änderungen im Gefühlsbereich

- Gereiztheit, Spannungen, verstärkte Wut, Neigung zu zwischenmenschlichen Konflikten
- das Gefühl, von Stimmungen und Empfindungen überwältigt zu werden, Angst vor Kontrollverlust, Gefühlsausbrüche
- Traurigkeit, depressive Verstimmung, Gefühle der Sinn- oder Hoffnungslosigkeit, Selbstzweifel

Bedürfnis noch Rückzug

- Rückzug von anderen, weniger Interesse an Arbeit, Freunden und Hobbys
- Konzentrations- und Koordinationsprobleme, Verwirrung, Lethargie, leichte Ermüdung
- erhöhtes Schlafbedürfnis oder Schlafstörungen

Änderung des Essverhaltens

- verstärktes Bedürfnis nach Süßem oder Salzigem
- Heißhungeranfälle, unbestimmte Gier

Körperliche Veränderungen

- Kopfweh, Migräneanfälle
- Akne und Ausschläge
- Asthma und Engegefühle
- gespannte und schmerzende Brüste
- Wassereinlagerungen im Unterleib und in den Beinen, Gewichtszunahme, Ödeme
- Unterleibskrämpfe und Rückenschmerzen

Wenn Sie sich dieses Beschwerdebild einmal genauer ansehen, fällt Ihnen vielleicht auf, dass zumindest ein Teil dieser Symptome auch darauf hindeuten könnte, dass es ganz bestimmte Bedürfnisse sind, die sich in dieser Zeit bemerkbar machen.

Die Dysmenorrhoe

Unter diesen Begriff fallen Beschwerden, die während der Blutung – oft auch nur am ersten Tag oder in den ersten Tagen – auftreten. Dazu zählen zum Beispiel Gebärmutterkrämpfe, Kopf- und Rückenschmerzen, Erbrechen, Durchfall sowie Herzklopfen. Manche Frauen haben so starke Schmerzen, dass sie ein bis drei Tage im Bett bleiben müssen. Meist beginnen diese Beschwerden kurz vor oder mit dem Einsetzen der Blutung. Es kommt zu ziehenden oder krampfartigen Schmerzen im gesamten Unterleib, die auch in den Rücken und in die Oberschenkel ausstrahlen können.

Gut zu wissen

Rückenschmerzen sowie das Schweregefühl und Ziehen im Unterleib während der Menstruation sind ein Zeichen dafür, dass die Gebärmutter in dieser Zeit schwer arbeitet. Dabei werden über Reflexzonen des vegetativen Nervensystems Stress- und Schmerzsignale ausgesendet, die bis in die Kreuzgegend, den Bauchraum, hinauf zu den Brüsten sowie in den Gebärmutterhals bis hinunter in die Vagina reichen können.

Man unterscheidet zwischen der primären und der sekundären Dysmenorrhoe. Die primäre Dysmenorrhoe tritt ab der ersten Blutung auf, die sekundäre Dysmenorrhoe erst zwei bis drei Jahre später. Vor allem Frauen zwischen dem 17. und 25. Lebensjahr sind davon betroffen. Oft lassen die Beschwerden nach der Geburt des ersten Kindes nach. Die Dysmenorrhoe kann auch organische Ursachen haben, das sollte auf jeden Fall ärztlich abgeklärt werden.

Was zu Menstruationsbeschwerden führen kann

Bei Menstruationsbeschwerden können ganz unterschiedliche Ursachen eine Rolle spielen. Neben den rein körperlichen und hormonellen Abläufen, mit denen sich die Schulmedizin befasst, können auch psychosoziale Aspekte einen Einfluss darauf haben, wie eine Frau die Zeit ihrer Menstruation erlebt.

Hormonelle Gründe

Aus schulmedizinischer Sicht liegen die Ursachen der Beschwerden hauptsächlich im biochemischen Bereich. Störungen des Hormonhaushalts und bestimmter Botenstoffe im Gehirn – so genannter »Neurotransmitter« – werden für Menstruationsbeschwerden verantwortlich gemacht. Diese Neurotransmitter geben Informationen zwischen den Nervenzellen weiter. Hormone steuern maßgeblich den Zyklus, wobei Hormone und Botenstoffe sich gegenseitig beeinflussen. Auch Stimmungsschwankungen werden aus dieser Sicht als hormonbedingt betrachtet.

Für die Dysmenorrhoe wird ein Ungleichgewicht der Hormone verantwortlich gemacht. Dadurch werden chemische Substanzen in der Gebärmutter, die bewirken, dass sich die Gebärmuttermuskeln wie bei der Geburt zusammenziehen, zu erhöhter Produktion angeregt.

Als eine der Hauptursachen des PMS wird neben Hormonstörungen vor allem ein zu niedriger Spiegel an Serotonin im Blut betrachtet.[4] Serotonin ist ein Botenstoff, der für das Befinden – zum Beispiel bei Stress, Angst und Depression – eine wichtige Rolle spielt.

Ein zu niedriger Serotoninspiegel, wie er bei Frauen mit PMS festgestellt wird, kann Aggressionen, Depressionen, Migräne und Angstzustände auslösen. Botenstoffe können aber auch vom Körper selbst produziert werden. Die Produktion erfolgt vor allem im Zustand der Entspannung, wird aber zum Beispiel auch durch Sex angeregt. Zucker, Fett und Schokolade heben den Serotoninspiegel ebenfalls an. Viele Frauen greifen vor und während ihrer Blutung tatsächlich vermehrt zu Schokolade: Es gibt also durchaus einen Zusammenhang zwischen biochemischen Vorgängen und der Art, wie Frauen ihre »kritischen Tage« verbringen.

Wenn zu wenig Serotonin zum PMS führt und der gleiche Botenstoff durch Meditation, innere Entspannung oder Sexualität im Körper vermehrt ausgeschüttet wird, dann bietet sich eine natürliche und garantiert unschädliche Selbstbehandlung sozusagen von selbst an. Denn wenn Sie sich in dieser Phase mehr Ruhe und Entspannung gönnen und sich mehr Zeit für Zärtlichkeiten nehmen, tun Sie sich ohnehin etwas Gutes. Noch dazu produzieren Sie dann auch mehr Serotonin, was sich wiederum positiv auf Ihre PMS-Beschwerden auswirken wird.

Die Schulmedizin behandelt Menstruationsbeschwerden in erster Linie mit Medikamenten. Hormonpräparate, oft auch die Pille, Beruhigungs- und Schlafmittel, Mittel gegen Depressionen und Schmerzen sowie harntreibende und entwässernde Mittel werden in diesem Fall häufig verordnet.

Unter bestimmten Umständen kann der Körper jedoch – wie bereits kurz angesprochen – ähnliche, aber natürliche Wirkstoffe auch selbst produzieren. Durch ein entsprechendes Maß an Ruhe und körperlicher Bewegung, durch gesunde Ernährung und den Einsatz von Heilkräutern und -tees können Sie sich also oft auch auf natürliche Weise von Menstruationsbeschwerden befreien. Darum werden wir uns in diesem Kapitel später noch näher mit gesunder Ernährung, Heiltees und verschiedenen Entspannungsübungen befassen, die Ihnen bei der Selbstheilung und Selbstbehandlung helfen können.

Psychosoziale Gründe

Menstruationsbeschwerden können – müssen aber nicht unbedingt – auch psychosomatische Ursachen haben. Häufig spielen dabei folgende Aspekte eine Rolle:

- Probleme mit dem Weiblichkeitssymbol Menstruation
- ein unerfülltes Sexualleben
- Überforderung durch die gesellschaftliche Rolle der Frau
- traumatische sexuelle Erlebnisse
- die Erfahrung, als Mädchen von den Eltern nicht erwünscht zu sein

- Angst vor Unfruchtbarkeit
- großer Leistungsdruck
- unerfüllte oder schwierige Partnerschaft
- berufliche oder finanzielle Sorgen

Im Rahmen der medizinpsychologischen Forschung rücken psychische und soziale Faktoren als Ursache für Menstruationsbeschwerden inzwischen zunehmend in den Vordergrund. Auch Umweltgifte, Genussmittel und falsche Ernährung werden heute als mitverantwortlich für diese Beschwerden angesehen. Unsere heutige Lebensweise, der ständige Stress und die häufige Doppelbelastung der Frau als Mutter und im Beruf werden ebenfalls als Auslöser betrachtet.

Die folgenden psychosozialen Faktoren werden unter anderem mit Menstruationsbeschwerden in Zusammenhang gebracht:

Die Stellung der Frau

Die Geschlechterrollenproblematik kann bei der Entstehung von Menstruationsbeschwerden eine große Rolle spielen. Denn die Regelblutung als Symbol für Weiblichkeit rührt an unsere Identität als Frau.

Alles, was zum »Frausein« gehört, kann in dieser Phase immer wieder zum Thema werden. Konflikte mit der eigenen Identität als Frau oder Identitätskrisen treten häufig um die Zeit der Blutung herum auf. Dabei kann es um einen Konflikt mit dem Partner gehen, um das Thema Schwangerschaft, die Mutterrolle oder auch um einen Konflikt im Berufsleben.

Stress
Innerer und äußerer Stress kann ebenfalls Beschwerden verursachen oder zumindest verstärken. Das kann emotionaler Stress wie etwa eine Beziehungskrise oder auch äußerer Stress sein, der durch Mehrfachbelastung oder Überforderung im Beruf ausgelöst wird. Viele Frauen erleben die Zeit rund um die Blutung auch deshalb als besonders stressig, weil sie ein größeres Ruhebedürfnis als sonst verspüren und so leicht in einen Konflikt geraten. Dieses Problem hängt eng mit der bereits angesprochenen Rolle der Frau in unserer Gesellschaft zusammen.

Negative Einstellung zur Menstruation
Die kulturelle Abwertung der Menstruation führte über Generationen hinweg zu einem eher negativ gefärbten und tabuisierten Bild von Menstruation. Glücklicherweise beginnt sich die Einstellung junger Frauen zu diesem Thema heute jedoch mehr und mehr zum Positiven hin zu verändern. Trotzdem gibt es leider noch immer viel zu viele Frauen, die in dieser Hinsicht negativ geprägt sind und nur schwer zu einer positiven Haltung finden können. Die Einstellung den eigenen Körpervorgängen gegenüber spielt bei Menstruationsbeschwerden jedoch häufig, wenn auch keineswegs immer, eine Rolle.

Lebensgeschichtliche Prägung
Auch die individuelle Prägung und der persönliche Erfahrungshintergrund können einen Einfluss darauf haben, wie

eine Frau die Zeit der Menstruation erlebt. Wenn eine Frau schon als Kind die Erfahrung gemacht hat, dass Schmerz oder Kranksein zu positiver Zuwendung, Schonung und Enthebung von allen Pflichten führte, kann das ihre Einstellung zum Thema »Krankheit« prägen. Vor allem dann, wenn sie Zuwendung nur auf diesem Weg erreichen konnte, hat sie vielleicht »gelernt«, dass sie nur über Beschwerden das bekommt, was sie braucht.

So kann es zum Beispiel zu der berühmten »Migräne« kommen, die eine Frau hat oder vorgibt, um in Ruhe gelassen zu werden. Sie braucht Ruhe, kann sie aber nur einfordern, wenn sie einen triftigen Grund vorweisen kann. In unserem Kulturkreis wird Krankheit wohl noch am ehesten als Grund akzeptiert. So kann eine Frau in einen »Teufelskreis« geraten, der nur schwer zu durchbrechen ist.

Die Einstellung einer Frau zur Weiblichkeit und zur Menstruation hängt zumeist auch eng mit den Vorstellungen der Eltern, vor allem der Mutter zusammen. Mütter, die sich selbst als Frau bejahen und offen mit ihrer Blutung umgehen, können diese Einstellung meistens an ihre Töchter weitergeben.

Verletzungen der Weiblichkeit, Gewalterfahrungen, sexueller Missbrauch und körperliche Übergriffe in der Kindheit können sich später ebenfalls in Form von Menstruationsbeschwerden bemerkbar machen.

Gesundheit und Krankheit aus schulmedizinischer Sicht

Aus der Sicht der Schulmedizin sind Krankheiten etwas Fremdes, das beseitigt werden muss. Adelheid Ohlig schreibt in ihrem Buch *Luna-Yoga*, dass der schulmedizinische Umgang mit Krankheit ein männlich orientierter, kriegerischer sei. Da werden Feinde bekämpft, Bakterien und Bazillen besiegt und Krankheiten ausgemerzt. Es ist von Killerzellen die Rede und von medizinischen Waffen. Kranke und unnütze Körperteile werden entfernt, der Unterleib der Frau wird »ausgeräumt« usw.[5] Der Körper wird oft als eine Art Maschine betrachtet – etwa wie ein Auto, das in die Werkstatt gebracht wird, wenn etwas nicht stimmt, um Einzelteile zu reparieren oder auszutauschen. Die Krankheit wird zum Feind erklärt, und die Medizin will diesen Feind um jeden Preis besiegen.

Typisch weibliche Körpervorgänge wie Schwangerschaft, Geburt, Zyklus und Klimakterium werden aus dieser Einstellung heraus häufig in die Nähe von Krankheiten gerückt und entsprechend behandelt. So wird der Körper leicht zum Objekt: Es geht vor allem um Normen und um Kontrolle.

Die »Menstruationsnorm« zum Beispiel geht davon aus, dass der Zyklus 28 Tage hat und eine menstruierende Frau dabei etwa 50 Milliliter Blut verliert. Alles andere wird schnell als Abweichung oder Störung bezeichnet. Viele Frauen orientieren sich an diesen vorgegebenen medizinischen Normen und fühlen sich entsprechend verunsichert, wenn sie ihnen nicht entsprechen.

Wenn sich Frauen all den gesellschaftlichen Normen und Erwartungen nicht mehr gewachsen fühlen, greifen manche zu den verschiedensten Suchtmitteln. Das gibt es natürlich auch bei Männern, aber die Tendenzen sind wohl doch unterschiedlich. So scheinen Frauen zum Beispiel im Hinblick auf Medikamentensucht gefährdeter zu sein: Sie bekommen oft wesentlich leichter und schneller Medikamente verschrieben als Männer.

Konsum- und Kaufsucht sowie Beziehungsabhängigkeit sind ebenfalls Problembereiche, von denen häufig Frauen betroffen sind.[7] Seit einiger Zeit ist vor allem die »Schlankheitssucht« das Thema. Essstörungen als Antwort auf die gängige Schönheitsnorm nehmen erschreckend zu. Essstörungen bei jungen Mädchen haben oft viel mit einer Art Verweigerung gegenüber der »reglementierten Weiblichkeit« zu tun.

Medizin und Medien haben dieses Suchtsystem der körperlichen Entfremdung und Abhängigkeit wesentlich mitgeprägt. Abhängige Menschen verlassen sich häufig darauf, dass ihre Bedürfnisse von außen befriedigt werden. Kranke Menschen geben die Schuld für ihre Krankheit oft anderen; andere sollen sie also auch wieder gesund machen. Frauen mit

Gut zu wissen

1995 bekamen Frauen in Wien etwa doppelt so viele Migräne-, Schmerz-, Beruhigungsmittel und Psychopharmaka verordnet wie Männer.[6]

Menstruationsbeschwerden machen häufig ihren Zyklus dafür verantwortlich. Viele Frauen ordnen unklare Verstimmungen automatisch ihrem Zyklus zu, obwohl vielleicht ganz andere Ursachen dahinter stecken.[8] Die Medizin soll den Zyklus dann wieder in Ordnung bringen.

Die Medizin ist nach wie vor männlich geprägt, erst seit etwa 100 Jahren ist es Frauen überhaupt möglich und erlaubt, zu studieren. Erst im Dezember 1999 hat die erste Frau im deutschsprachigen Raum einen Lehrstuhl für Frauenheilkunde und Geburtshilfe bekommen. Aber auch Frauen lernen an der Universität zwangsläufig noch vorwiegend das, was Männer erforscht und entwickelt haben.

Gesundheit und Krankheit aus weiblicher Sicht

Mit Beginn der Frauenbewegung, die in den siebziger Jahren entstanden ist, fingen Frauen an, ein eigenes Bild von Gesundheit und Krankheit zu entwickeln. Sie werfen der Gynäkologie vor, den Frauen die Verantwortung für ihren Körper genommen zu haben. Frauen erforschen die Geschichte neu und versuchen, die traditionellen Heilweisen der Frauen früherer Zeiten wiederzuentdecken.

Wichtigstes Thema ist die Wiederaneignung des eigenen Körpers, des Wissens über den Körper, über Beschwerden und Heilmethoden. Gesundheit wird auch in engem Zusammenhang mit der Frauenbefreiung und der Abschaffung patriarchaler Strukturen gesehen. Seit den siebziger Jahren sind bereits zahlreiche Selbsthilfegruppen und Frauengesundheitseinrichtungen entstanden. Sie haben ein anderes Selbstverständnis und entwickeln ihre eigenen Methoden der Heilung der Frau. Ihre Prinzipien lauten:

- Gesundheit und Krankheit sind im weiblichen Lebenszusammenhang zu sehen. Soziale, körperliche und psychische Bedingungen beeinflussen Gesundheit und Krankheit.
- Das Wissen über den weiblichen Körper ist in erster Linie Sache der Frau, es soll nicht einigen wenigen Experten überlassen werden. Frauen wollen selbst zu Spezialistinnen ihres Körpers werden und dieses Wissen mit anderen Frauen teilen und austauschen.
- Körper, Verstand und Gefühle sind untrennbar miteinander verbunden. Frauen wehren sich gegen die Zerstückelung und Reduzierung des weiblichen Körpers in isolierte Organfunktionen.
- Gesundheit und Krankheit sind einander ergänzende Aspekte eines einheitlichen Prozesses. Es gibt nicht die »gute« Gesundheit und die »böse« Krankheit.
- Krankheit ist sowohl eine Störung des Gleichgewichts als auch ein Versuch, die Harmonie wiederherzustellen.
- Gesundheit ist ein Prozess sich ständig entwickelnder Erfahrungen im Kontakt mit sich selbst und der Umwelt. Diesen Prozess des »Heilwerdens« kann jeder Mensch bei sich selbst fördern oder behindern.

- Beschwerden werden als Signale gesehen, die verstanden werden wollen. Die Ursachen werden im Zusammenhang mit Einstellung, Verhaltensweisen und Symptomen gesucht.
- Behandelt wird der ganze Mensch durch Förderung seiner Abwehr- und Selbstheilungskräfte. Die Behandelnde versteht sich nur als Begleiterin im Heilungsprozess.

Dieser Umgang mit Krankheit und Gesundheit deutet auf ein hohes Maß an Selbstverantwortung hin. Nur durch die Übernahme der Verantwortung für sich selbst können Frauen ihrer selbst wieder mächtig, also »eigenmächtig« werden.

Frauenkrankheiten werden wesentlich umfassender, nämlich auch im geschichtlichen und psychosozialen Zusammenhang gesehen. Sie haben oft viel mit der Abwertung von Weiblichkeit, mit Entfremdung und damit verbundenen Verletzungen zu tun. Ein internationaler Trend zeigt, dass Frauen, wenn es um die Einstellung zur Gesundheit geht, seelische, emotionale und soziale Aspekte stärker in den Vordergrund stellen. Für Männer bedeutet Gesundheit vor allem Leistungsfähigkeit und Funktionstüchtigkeit.

Die Frauengesundheitsbewegung lehnt es ab, Zyklusbeschwerden als Krankheit zu bezeichnen. Eine veränderte Befindlichkeit muss sich nicht gegen die Gesundheit richten, sondern kann der Gesundheit sogar dienen.

Heilung bedeutet in diesem Zusammenhang vor allem Ganzwerdung: Die gespaltene Frau holt ihre abgespaltenen Teile zurück. Heilung heißt, mit der dunklen Seite in sich wieder in Kontakt zu kommen und sie anzunehmen. Heilung führt uns zu unserem Körper zurück, sie kommt immer von innen und geht weit tiefer als die einfache Behandlung von Symptomen.

Heilung war einst in erster Linie Frauensache. Mit der Verbreitung des Christentums wurde den Frauen das Heilwissen immer mehr entzogen – eine Entwicklung, die in der Zeit der Hexenverbrennungen ihren schrecklichen Höhepunkt fand.

Susun S. Weed beschreibt in ihrem Buch *HeilWeise* ausführlich die verschiedenen geschichtlich aufeinander folgenden Traditionen des Heilens.[9]

Dabei ist die *wissenschaftliche Tradition* die jüngste Heiltradition. Hier spielen analytisches Denken und empirische Beweise die zentrale Rolle. Krankheiten werden standardisiert, Diagnosen von Symptomen abhängig gemacht. Der Mensch wird nicht als ganzheitliches Wesen mit einer eigenen Geschichte betrachtet, sondern es werden nur die kranken Körperteile oder Organe behandelt.

Die *heroische Tradition* entstand nach Weed durch den männlich geprägten Monotheismus, den Glauben an einen einzigen Gott. Sie steht für Reinigung, Schuld und Strafe. In ihr gibt es einen »Retter«, der klare Gesetze vorgibt, nach denen die Menschen sich und ihren Körper reinigen können und sollten, um nicht krank zu werden. Hier wird in erster Linie nach einem moralischen Fehlverhalten des Menschen gesucht, das dann für die Beschwerden verantwortlich gemacht wird. Die Behandlung ist oft unangenehm, und als das wichtigste Heilmittel gilt die Buße.

Die älteste Tradition ist nach Weed die *Tradition der weisen Frau*. Darin spielen vor allem Selbstliebe, Selbstvertrauen und die Suche nach individuellen Heilungswegen eine zentrale Rolle. Diese Tradition sieht in Krankheiten eine Möglichkeit, sich zu besinnen. Sie fragt nach dem »Wie« und danach, wie die Schmerzen und Beschwerden sich äußern, was die Krankheit fördert und was sie behindert. Hier wird der Mensch nicht nur als Körper gesehen, bei dem etwas nicht mehr funktioniert, sondern er steht vor der Frage: Was wollen mir meine Schmerzen sagten? Was brauche ich? Was tut mir gut?

In der Tradition der weisen Frau wird auch die Selbstbestimmung und Eigenmacht der Frau betont, die sie lange Zeit innehatte. Wenn sie auf dieses Wissen zurückgreifen, haben Frauen auch heute wieder die Möglichkeit, sich aus der Entfremdung zu befreien und Eigenverantwortung zu übernehmen.

Achten Sie also gut auf die Signale Ihres Körpers und geben Sie Ihren Bedürfnissen nach, statt sich dafür zu verurteilen. Ihre Stimmungen, Ihre körperlichen Empfindungen und Ihre Bedürfnisse können Ihnen vieles bewusst machen. Daher kann der Weg von der Krankheit zur Heilung auch als »Bewusstwerdungsprozess« betrachtet werden: Er ermöglicht es Ihnen, Ihren Körper und Ihre Seele zu erforschen und sich Klarheit über Ihre wirklichen Bedürfnisse zu verschaffen.

Wenn Sie sich selbst und Ihrem Körper mehr Aufmerksamkeit schenken wollen, dann betrachten Sie Ihre Beschwerden nicht mehr im schulmedizinischen Sinne nur als Krankheit. Versuchen Sie zu entschlüsseln, was für eine Botschaft sie Ihnen übermitteln wollen. Sie sind weit mehr als nur ein lästiges Übel, das um jeden Preis bekämpft werden muss: Sie zeigen immer auch einen Mangel oder ein Ungleichgewicht an. Schmerzen und Beschwerden können Ihnen also helfen, wieder zu einem Gleichgewicht zu finden – Sie müssen nur bereit sein, die Botschaft zu verstehen.

Den Weg zur eigenen Heilung, zur Harmonisierung und zur Ganzwerdung schlagen wir ein, wenn wir uns bewusst mit uns selbst auseinander setzen und erkennen, dass nur wir selbst ein Gleichgewicht zwischen Körper, Seele und Geist schaffen können. Da wir auf diesem Weg die Ursachen der Beschwerden herauszufinden und zu heilen versuchen, braucht ein solcher Heilungsprozess jedoch auch seine Zeit – und zwar mehr als eine Behandlung mit Medikamenten, die nur die Symptome beseitigen. Dieser Heilungsprozess erfasst alle Ebenen: Der ganze Mensch wird heil.

Daher ist es sehr wichtig, dass Sie sich diese Zeit auch geben und sich nicht selbst unter Druck setzen. Jeder Mensch hat sein ureigenes Tempo. Sobald Druck aufkommt, sollten Sie sich immer wieder fragen: Wer in mir ist jetzt eigentlich so ungeduldig?

Ärgern Sie sich auch nicht, wenn Sie ein Signal Ihres Körpers nicht gleich erkennen oder nicht immer sofort Ihren eigenen Bedürfnissen nachgeben können. Gehen Sie in solchen Momenten nachsichtig mit sich um, denn mit Selbstbeschuldigungen entfernen Sie sich nur noch weiter von sich selbst. Geduld, Nachsicht und ein verständnisvoller Umgang mit sich selbst sind auf diesem Heilungsweg die beste Medizin.

Wenn Sie regelmäßig Beschwerden haben, sollten Sie allerdings auf jeden Fall zuerst medizinisch abklären lassen, ob organische Ursachen dafür vorliegen. Auch das gehört zu einem selbstverantwortlichen Umgang mit dem eigenen Körper.

Wenn Sie sich dann auf den Weg der Selbstheilung begeben, kann Ihnen die körperliche und seelische Offenheit während der Menstruation dabei helfen, einen bewussteren und offeneren Zugang zu sich selbst zu bekommen. Diese Zeit des Monats bietet Ihnen immer wieder die Möglichkeit, sich selbst und Ihren Bedürfnissen ein Stückchen näher zu kommen.

Achten Sie auf gesunde Ernährung, Ruhe, genügend Vitamine und einen liebevollen Umgang mit sich selbst: Vielleicht spüren Sie dann schon nach einigen Monaten, dass sich Ihr Empfinden und Ihre Sichtweise verändern. Aber lassen Sie sich dabei die Zeit, die Sie ganz persönlich brauchen – Ihre Zeit!

Alte Wunden heilen

Frauen, die sich mit ihren Beschwerden auseinander setzen und den Weg der Selbstheilung gehen wollen, stoßen dabei häufig auf alte Verletzungen im Gefühlsbereich. Diese seelischen Wunden können einerseits mit der Geschichte der Frau im Allgemeinen zusammenhängen, andererseits aber auch mit ganz persönlichen Verletzungen aus der Vergangenheit.

Entsprechende Konflikte und unbewältigte Erlebnisse können sich in der Zeit der Blutung sozusagen verstärkt bemerkbar machen.

Es tut oft weh, diese Verletzungen noch einmal spüren zu müssen, ist aber zugleich ein großer Schritt zur Befreiung. Menstruationsbeschwerden können auch als Aufforderung verstanden werden, sich einmal intensiv mit dem eigenen Körperbild auseinander zu setzen.

Woher solche Schmerzen rühren können, wollen wir uns jetzt ein bisschen näher anschauen. Denn dann können wir auch Wege finden, mit unseren seelischen Wunden anders umzugehen und sie schließlich zu heilen.

Die Kraft Ihrer Gedanken

Ihre subjektive Geschichte, Ihr Bild von sich als Frau wurde durch Ihr unmittelbares Lebensumfeld geprägt. Ihre Mutter, Ihre Großmutter, Ihre Tanten, Lehrerinnen und Freundinnen haben Ihre Einstellung zur Menstruation und zur Weiblichkeit unbewusst mitgestaltet. Aber auch die Männer in Ihrem Umfeld wie zum Beispiel Vater und Brüder haben ihren Teil zu Ihrem ganz persönlichen Verhältnis zu Weiblichkeit und Sexualität beigetragen.

Wer hat Ihr Bild von Weiblichkeit am stärksten geprägt? Die folgende Übung kann Ihnen dabei helfen, das herauszufinden, zu erkennen, wie Ihr eigenes Frauenbild entstanden ist und wer alles an der Entstehung mitgewirkt hat.

Das können Sie tun:

Stellen Sie sich einmal folgende Fragen und schreiben Sie die Antworten in Ihr Tagebuch. Versuchen Sie, die Fragen ganz spontan zu beantworten – je spontaner die Antworten kommen, desto ehrlicher sind sie zumeist auch.

- Was bedeutet Weiblichkeit für mich?
- In was für einer Familie bin ich aufgewachsen?
- Welche Rolle hat Religion in meiner Familie gespielt?
- Welche Botschaften im Zusammenhang mit »Frausein« haben mir meine Mutter, meine Schwestern oder andere Frauen vermittelt?
- Wenn meine Mutter gern eine Frau war, wie hat sie das gezeigt?
- War es in Ordnung, dass ich als Mädchen zur Welt kam, oder hätte ich ein Junge werden sollen?
- Welches Verhältnis hatte meine Mutter zu ihrem Körper?
- Welches Verhältnis habe ich zu meinem Körper?
- Was mag ich daran, was nicht?
- Welches Frauenbild hatte mein Vater?
- Hat er sich in Hinblick auf meinen Körper geäußert?
- Kenne ich eine Frau, die ein positives Verhältnis zu ihrer Blutung hat? Wie ist diese Frau?
- Habe ich ein weibliches Vorbild? Wie ist diese Frau?
- Was habe ich in der Schule über den weiblichen Körper erfahren?
- Bin ich zufrieden mit meiner weiblichen Prägung?
- Wenn nicht, was möchte ich ändern?

Prägungen, Einstellungen und Verhaltensweisen innerhalb eines Familiensystems, die über Generationen hinweg weitergegeben wurden, sitzen oft sehr tief und behindern uns in unserer eigenen Entwicklung. Daher ist es so wichtig, diese Muster aufzudecken und zu hinterfragen. Denn wenn Sie Ihren Zyklus und die Menstruation aufgrund solcher Gegebenheiten eher ablehnen oder für unwichtig erachten, wirkt sich das entsprechend auf Ihr Empfinden und Erleben aus.

Gedanken sind wie Gefühle über das Immunsystem, das endokrine System und das zentrale Nervensystem mit dem Körper verbunden. Das heißt aber auch, dass Ihr Körper sozusagen »weiß«, was Sie über ihn denken. Gedanken können sich also im Körper niederschlagen und körperlich spürbar werden. Wenn Sie Ihre Blutung als etwas Lästiges und Unangenehmes betrachten, wenn Sie Ihren Körper oder Teile davon ablehnen, bekommen Sie das auch zu spüren: Es hindert Sie daran, sich richtig wohl zu fühlen.

Das können Sie tun:

Vielleicht haben Sie bei der Beantwortung der Fragen ja gespürt, dass die Einstellung, die Sie bislang zu Ihrer Menstruation hatten, gar nicht Ihre ureigene war, sondern dass Sie sie gewissermaßen »übernommen« hatten. Vielleicht erkennen Sie jetzt, dass Sie eigentlich eine wesentlich positivere Einstellung zu sich selbst und Ihrer Menstruation haben, als Sie bisher dachten. Dann kann es hilfreich sein, eine Zeit lang mit positiven Leitsätzen, also mit Affirmationen zu arbeiten. Wie wäre es zum Beispiel mit folgenden Sätzen:

- Ich bin eine wertvolle Frau.
- Meine Blutung ist gut. Sie gibt mir die Chance, Altes loszulassen und mich regelmäßig zu erneuern.
- Ich komme mir selbst immer näher.
- Schritt für Schnitt werde ich die Frau, die ich sein möchte.

Diese Affirmationen sollten Sie regelmäßig einsetzen: Vielleicht immer vor dem Einschlafen, gleich nach dem Aufwachen und zusätzlich natürlich auch in Momenten, in denen Selbstzweifel, Ungeduld oder Schuld- und Schamgefühle an Ihnen nagen.

Sie können Ihre Affirmation auch auf einen Zettel schreiben und ihn an einem Platz deponieren, an dem Sie sich häufig aufhalten. So wird Ihnen Ihr Satz automatisch immer wieder ins Auge fallen.

Die Kraft der Gedanken kann Ihnen helfen, ein positives Bild von sich selbst und damit auch mehr Selbstwertgefühl zu entwickeln.

Zyklusprobleme können auch mit der Entfremdung vom Körper, von der eigenen Natur zusammenhängen. Viele Frauen haben die Macht über ihren Körper gewissermaßen »abgegeben« und dabei verlernt, seine Signale zu verstehen. Wir sind es heutzutage ja schon fast gewohnt, unseren Körper in der »gynäkologischen Werkstätte« abzugeben, um ihn dort reparieren zu lassen, wenn er nicht mehr so funktioniert, wie wir es von ihm erwarten. Die Macht abzugeben führt jedoch zu »Ohnmacht«. Und diese Ohnmacht kann ebenfalls krank machen.

Unser Körper lebt und ist ein wichtiger Teil von uns, der mit allem verbunden ist und auf alles reagiert. Er hat seine eigene Sprache. Ein Organ macht sich dann bemerkbar, wenn es uns etwas mitteilen will. Wenn wir nicht darauf reagieren, beginnt es vielleicht immer mehr wehzutun, um unsere Aufmerksamkeit doch noch auf sich zu ziehen.

Wenn Sie Ihren Körper ernst nehmen, sich mit den Beschwerden erst einmal verbünden und sie annehmen, kann Kommunikation entstehen. Dann zeigt Ihr Körper Ihnen womöglich Belastungen und Konflikte in Ihrem Leben auf, die sie mit seiner Hilfe auch lösen können. So können Beschwerden zu einer Chance werden, die eigene Lebenssituation einmal gründlich zu überdenken und notwendige Veränderungen vorzunehmen.

Manche Beschwerden können auch auf eine Art »Körperverlassenheit« hinweisen – Sie sind nicht mehr richtig in Ihrem Körper. Dann sollten Sie wieder in Ihren Körper »einziehen«, ihn zu neuem Leben erwecken.

Wenn Sie möchten, können Sie lernen, die Botschaften Ihres Körpers zu verstehen und mit ihm zu kommunizieren. Das Hineinspüren und Verstehen der eigenen Körpersprache kommt Ihnen anfangs vielleicht recht ungewohnt und schwierig vor. Das liegt jedoch zumeist nur daran, dass wir uns selbst und unsere Körper- oder Gefühlsbotschaften oft nicht wirklich ernst nehmen.

Der Prozess der Selbstfindung ruft häufig auch innere Widerstände hervor. Die Angst vor einer wirklichen körperlichen und inneren Lebendigkeit kann enorme Ausmaße annehmen: Was könnte da nicht alles auftauchen an inneren Bildern, alten Verletzungen, Befürchtungen und Sehnsüchten? Es kann vor allem die Angst vor einem inneren Chaos sein, vor der Unberechenbarkeit des Körpers und vor Kontrollverlust. Es kann aber auch die Angst vor körperlicher Lust, Lebendigkeit und Kraft sein, die uns zu schaffen macht.

Verborgenes an die Oberfläche zu holen, sich im Körper gespeicherte Erlebnisse bewusst zu machen, kann anstrengend sein und wehtun. Dazu gehört viel Mut. Gespräche mit vertrauten Menschen, vielleicht auch eine körperorientierte Psychotherapie können uns dabei aber oft helfen.

Wenn Sie sich auf Ihre Körperempfindungen wirklich einlassen, werden Sie jedoch mit Sicherheit Ihre ureigene Form der Kommunikation entdecken, hinderliche Schutzmauern durchbrechen, Beschwerden auflösen und letztlich eine ganz neue sinnliche Lebendigkeit erlangen können.

Das können Sie tun:

Versuchen Sie, Ihren Körper wieder vermehrt zu spüren. Das geht ganz gut, wenn Sie im Lauf des Tages – auch während der Arbeit – immer wieder Pausen einlegen und in Ihren Körper hineinatmen. So entwickeln Sie ein gutes Gespür dafür, wo es gerade zwickt oder sich verspannt und eng anfühlt. Fragen Sie sich ruhig auch immer wieder, was Ihnen Ihr Körper eigentlich zeigen möchte:

- Brauche ich jetzt Entspannung?
- Ist Ruhe angesagt?
- Täte mir Bewegung gut?
- Braucht ein bestimmtes Organ gerade besondere Zuwendung?
- Gibt es etwas, das stockt, das herauswill?

Jetzt möchte ich Ihnen anhand von zwei typischen Beispielen von Menstruationsbeschwerden, die sowohl im Zusammenhang mit dem PMS als auch mit der Dysmenorrhöe häufig auftreten, einmal zeigen, wie so ein verständnisvoller Umgang mit dem Körper aussehen kann. Verstehen Sie das aber bitte nur als Anregung: Jede Frau wird in der Praxis ihre eigenen Möglichkeiten finden.

Bauchkrämpfe

Jede Regelblutung ist wie eine kleine Geburt. Die Gebärmutter hat sich mit Blut und Schleimhaut gefüllt, die sie jetzt abstößt: Es kommt zu Kontraktionen der Muskeln in diesem Bereich. Ein leichtes Ziehen – ähnlich wie die Vorwehen bei der Geburt – ist also ganz natürlich und gehört dazu. Wenn Sie gedanklich mit diesem Vorgang mitgehen, baut sich erst gar kein Widerstand auf – dadurch können sich auch eventuelle Schmerzen verringern.

Oft kommt es aber in den ersten Tagen der Blutung zu manchmal sogar extremen Krämpfen und Bauchschmerzen, da die Gebärmutter unter starker Spannung steht. Daher braucht sie gerade in dieser Zeit Ihre besondere Aufmerksamkeit: Stellen Sie sich vor, dass sie prall mit Blut gefüllt ist und jetzt Ihr Loslassen braucht, um dieses Blut zum Fließen zu bringen.

Am besten versuchen Sie schon ein paar Tage vor Ihrer Menstruation, zur Ruhe zu kommen und sich mehr Zeit zur Entspannung zu gönnen. Denn je entspannter Sie sind, desto weniger Schmerzen werden Sie haben.

Achten Sie in der Zeit vor der Periode auch besonders auf Ihre Atmung: Atmen Sie immer wieder tief in den Bauch hinein, um ihn weit und weich zu machen. Je tiefer Sie atmen, desto weiter wird Ihr Bauch. Er wird gut durchblutet, füllt sich mit Sauerstoff und Leben kehrt ein.

Auch Wärme tut sehr gut, ob Sie sich nun einfach Ihre Hände oder eine Wärmflasche auf den Bauch legen. Ein in Rizinusöl getränktes warmes Tuch – direkt auf den Bauch gelegt und warm abgedeckt – wirkt besonders krampflösend und entspannend.

Menstruelle Migräne

Rund um die Zeit der Menstruation kann es zu starken Kopfschmerzen kommen. Diese Spannungskopfschmerzen treten anfallartig auf und erstrecken sich oft halbseitig vom Kopf bis zum Nacken oder Hals. Häufig gehen sie mit Verdauungsproblemen und Lichtempfindlichkeit einher.

Machen Sie sich immer wieder bewusst, was während der Menstruation in Ihrem Körper vor sich geht, und richten Sie Ihre Aufmerksamkeit auf den entsprechenden Körperbereich. Atmen Sie tief in Ihren Bauch hinein, um ihm die Weite und Wärme zu geben, die er jetzt braucht. Stellen Sie sich vor, dass Ihre ganze Energie und Aufmerksamkeit vom Kopf in den Bauch wandert.

Schenken Sie auch Ihren Verdauungsorganen viel Luft und Platz. Sie befördern nicht nur das Essen weiter, sondern auch noch unverdaute Erlebnisse und Energien. Finden Sie Ihren eigenen Weg, um im Kopf angestaute Energie nach unten abzuleiten. Kopf- und Bauchschmerzen können miteinander zusammenhängen, und Sie sind durchaus in der Lage, dieses Zusammenspiel durch bewusste Übungen zu beein-

Gut zu wissen

Magnesium erweitert die Gefäße. Das verringert sowohl das Ziehen im Bauch als auch die Spannungskopfschmerzen. Achten Sie also immer auf eine ausreichende Zufuhr vom Magnesium.

flussen. Am besten können Sie damit in einer Phase experimentieren, in der der Kopf noch nicht so sehr wehtut.

Achten Sie auf die Vorboten: Der Schmerz kündigt sich oft durch Reizbarkeit, leichten Druck im Kopf, Müdigkeit, Verstopfung oder andere Signale an. Wenn Sie diese Vorzeichen ernst nehmen und gleich etwas tun, können Sie Schmerzen häufig schon im Vorfeld abfangen.

Das können Sie tun:

Vielleicht haben Sie ja Lust, einmal folgende Möglichkeiten auszuprobieren:

- Nehmen Sie abwechselnd kalte und warme Fußbäder. Gehen Sie barfuß in der Natur, wenn es die Jahreszeit zulässt. Dabei bewegen Sie sich ganz langsam und atmen die Spannung in die weiche Erde aus.
- Setzen oder hocken Sie sich so hin, dass das Becken ganz weit wird. Stellen Sie sich dabei vor, dass die Spannung über die Wirbelsäule nach unten fließt und beim Ausatmen am unteren Ende der Wirbelsäule sozusagen »heraustropft«.
- Kuscheln Sie sich in weiche Decken und rollen Sie sich seitlich zusammen. Atmen Sie bei jedem Atemzug ganz tief in den Bauch hinein, bis es nicht mehr weitergeht, und dann durch die Scheide wieder aus.
- Eine zärtliche Massage oder ein Orgasmus kann sehr heilsam sein, wenn das Kopfweh noch nicht zu stark ist.

Gut zu wissen

Schmerzerleben ist kulturabhängig. In Gesellschaften, in denen medizinische Technik und Medikamente weniger weit verbreitet sind, haben die Menschen eine Vielzahl von Ritualen zur Schmerzbewältigung entwickelt.

Jetzt liegt es ganz bei Ihnen herauszufinden, welche dieser Strategien bei Ihnen am besten wirken. Und vergessen Sie nicht, dass Entspannung, Lust und Freude stark zur Verringerung von Schmerzen beitragen. Wenn die Schmerzen einsetzen, können Sie also sofort etwas dagegen tun, indem Sie sich fragen: »Was tut meinem Körper jetzt gut?«, und das dann auch gleich in die Tat umsetzen.

Wenn Sie erst einmal am eigenen Leib gespürt haben, dass Sie selbst rechtzeitig etwas gegen den Schmerz tun können, gibt Ihnen das ein enormes Gefühl von »Eigenmacht«. Sie fühlen sich dem Schmerz nicht mehr ohnmächtig ausgeliefert, sondern kompetent und stark.

Wenn Sie sich bei den ersten Anzeichen von Schmerz bewusst machen, dass Sie etwas tun können, um sich wieder wohler zu fühlen, kann der Schmerz oft abgefangen oder zumindest erträglicher gemacht werden. Wenn Sie aber denken: »Oh Gott, jetzt bekomme ich wieder einen Migräneanfall, das dauert bestimmt drei Tage«, dann wird der Schmerz auch drei Tage anhalten. Ihre innere Einstellung spielt also eine ganz entscheidende Rolle.

Die Kraft Ihrer Gefühle

Fast alle Frauen in unserem Kulturkreis kennen Gefühlsverstimmungen vor und während der Blutung. Sie sind in dieser Zeit oft angespannt und gereizt, häufig aber auch traurig und depressiv.

Die beiden Autoren Shuttle und Redgrove bezeichnen in ihrem Buch *Die weise Wunde Menstruation* die Zeit der Blutung als die Wahrheit und die Gesellschaft als eine Lüge. Damit ist gemeint, dass all das, was im Zusammenhang mit ihrer gesellschaftlichen Situation sonst verborgen in Frauen schlummert, in dieser Zeit aufbricht. Frauen reagieren demnach also keineswegs überempfindlich oder hysterisch, sondern nehmen aufgrund ihrer besonderen Sensibilität einfach mehr wahr – etwa so, als würden sie die Situation durch ein Mikroskop betrachten. Einmal im Monat zeigt es sich, dass sich ihr Inneres gegen vieles sträubt und wehrt und anders gelebt werden möchte. Dann macht sich ihr Unbehagen in Form von Beschwerden bemerkbar oder bricht aus ihnen heraus.

Diese Gefühlsausbrüche sind oft nicht klar einzuordnen. Viele Frauen haben das Gefühl, ihnen regelrecht ausgeliefert zu sein, weil sie so unkontrollierbar sind und so plötzlich auftauchen. Sie haben ihrer Umgebung gegenüber dann häufig ein schlechtes Gewissen wegen ihrer »Zustände« und lehnen sich noch dazu selbst ab. Das kann zu einem Teufelskreis werden. Denn wenn eine Frau ohnehin schon auf Ablehnung oder Geringschätzung in ihrer Umgebung stößt – und das womöglich bereits über längere Zeit hinweg –, verstärkt sich diese Ablehnung allmonatlich noch. Denn eine Frau wird von anderen in dieser Zeit ja oft als bissig, launisch und unberechenbar wahrgenommen. Äußerungen wie »Sie hat halt wieder ihre Tage« oder »Sie spinnt manchmal ein bisschen« zeigen, dass eine Frau zwar oft nicht wirklich ernst genommen, aber trotzdem als Bedrohung erlebt wird. Man geht ihr dann halt aus dem Weg, bis alles vorbei ist und sie sich wieder angepasst verhält.

Das ist sehr schade, da es Frauen noch darin bestärkt, sich selbst auch nicht ernst zu nehmen. Wenn Frauen sich unverstanden, ungeliebt oder abgelehnt fühlen, stellen sie sich leicht selbst in Frage. Sogar die Wut, die sie vielleicht spüren, richten sie oft gegen sich selbst. Das verstärkt die Selbstablehnung und führt noch dazu oft zu Selbstbestrafung und Schuldgefühlen.

Das Allerwichtigste ist, sich selbst und die eigenen Gefühle wahr- und ernst zu nehmen. Schauen Sie sich genau an, was in dieser Zeit so alles »hochkommt« und nehmen Sie es mit in die Zeit nach der Blutung. Und noch etwas: Setzen Sie die gewonnenen Erkenntnisse dann auch Schritt für Schritt in Ihrem Leben um.

Je klarer Sie Ihre Gefühle erkennen, desto besser wird es Ihnen gelingen, sie auch anderen mitzuteilen. Und das ist ein ganz wesentlicher Schritt zur Heilung. Denn jedes nicht ausgedrückte Gefühl bleibt im Körper gespeichert und kann Unbehagen oder Beschwerden auslösen. Über lange Zeit gespeicherte oder unterdrückte Gefühle wirken im Körper wie Zeitbomben, die jederzeit explodieren können.

Versuchen Sie unbedingt, Ihre Gefühle *zu benennen* und *auszudrücken*. Wenn sie erst einmal ausgesprochen, aufgeschrieben, gemalt, getanzt oder auf andere Art zum Ausdruck gebracht worden sind, stellt sich schon eine Entlastung ein. Sie werden dadurch klarer.

Die eigenen Gefühle zu erkennen und auszudrücken ist der erste und wesentliche Schritt zur Heilung. Gefühle, die über lange Zeit verneint oder verdrängt wurden, können aber irgendwann völlig unkontrolliert hervorbrechen. Da eine Frau während des Zyklus sensibler ist, kann es gerade dann leicht zu jähen Gefühlsausbrüchen kommen. Wenn Sie jedoch lernen, sich für Ihre eigenen Gefühle und Bedürfnisse zu öffnen und sie zuzulassen, wird ein ganz natürlicher Gefühlsfluss entstehen. Dann brauchen Sie keine »geballte Explosion« mehr zu befürchten.

Versuchen Sie also, Ihren Gefühlen mehr Raum zu geben und ihnen Ausdruck zu verleihen. Aber ganz egal, in welcher Form Sie ein Gefühl ausdrücken, ob Sie es malen, tanzen oder in Worten beschreiben: Beobachten Sie sich selbst dabei genau.

Ein Problem, das vielen Frauen zu schaffen macht, ist, dass Gefühle in unserer Gesellschaft niedrig bewertet und deshalb oft verdrängt werden. Erst langsam lernen wir – Frauen wie Männer – wieder ganz zu unseren Gefühlen zu stehen und ihnen auch Ausdruck zu verleihen. Aber je weiter wir uns in dieser Hinsicht vorwagen, desto differenzierter werden wir unsere Gefühle mit der Zeit wahrnehmen.

Jetzt wollen wir uns einmal ein bisschen näher mit den

Gefühlen befassen, die bei Frauen während der Menstruation häufig verstärkt auftreten. Vielleicht erkennen Sie sich ja selbst in dem einen oder anderen Punkt wieder. Dann können Ihnen die Übungen, die den einzelnen Gefühlen zugeordnet sind, hoffentlich dabei helfen, sie etwas differenzierter zu betrachten und zu erleben und schließlich zu einem konstruktiveren Umgang damit zu finden.

Depressive Verstimmung

Das Gefühl der Verzweiflung, der Niedergeschlagenheit, der Müdigkeit und Antriebslosigkeit kann besonders rund um die Zeit der Blutung bei manchen Frauen bis zu völliger Hilflosigkeit und Apathie führen.

Das Wort »Depression« leitet sich von dem lateinischen Verb *deprimere* ab, was so viel wie »niederdrücken« oder »unterdrücken« heißt. Depression kann also auch bedeuten, dass jemand seine ganze Energie dafür einsetzt, etwas »unter Druck zu halten«. Eine depressive Verstimmung kann einen Menschen innerlich lähmen und ihm das Gefühl vermitteln, nicht richtig leben, aber auch nicht richtig sterben zu können.

Oft stehen hinter einer depressiven Verstimmung Aggression und Wut. Gerade Frauen fühlen sich durch nicht gelebte Aggression, die ja viel mit aktiv werden und Selbstverantwortung übernehmen zu tun hat, häufig wie gelähmt. Sie sind nicht einmal in der Lage, ihre eigenen Bedürfnisse zu erkennen, geschweige denn, ihnen nachzugehen.

Die Angst vor der eigenen Kraft und Lebendigkeit kann im schlimmsten Fall bis zur Todessehnsucht führen. In gewisser

Weise stehen Frauen vor der Blutung ja immer wieder vor einem »kleinen Tod«. Diese innere Wandlung ist in Wahrheit jedoch eine sehr lebendige: Sie zeigt, wie nah Tod und Erneuerung zusammengehören. Diese Lebendigkeit hat wieder eine Chance, sobald die Gefühle hinter der depressiven Verstimmung erkannt und ausgedrückt werden.

Depressive Zustände gehen oft auch mit Schuldgefühlen

Das können Sie tun:

Wenn Sie depressive Verstimmungen aus eigener Erfahrung kennen, schauen Sie genau hin. Beobachten Sie, was hinter Ihrer Niedergeschlagenheit steckt. Sie können sich zum Beispiel fragen:

- ▶ Was lähmt mich jetzt?
- ▶ Was erschlägt mich?
- ▶ Was macht mich müde und antriebslos?
- ▶ Gibt es einen oder mehrere Menschen, die diese Stimmung in mir auslösen oder verstärken?
- ▶ Was möchte ich dem oder denen am liebsten sagen?
- ▶ Wonach ist mir jetzt wirklich zumute?

Schreiben Sie die Antworten in Ihr Tagebuch oder führen Sie ein Selbstgespräch. Verstärken können Sie diesen Prozess durch Bewegung – stampfen Sie, laufen Sie, schlagen Sie mit den Armen um sich: Tun Sie einfach das, was Ihr Körper Ihnen eingibt. So kommen Sie auch schneller an die Wut heran, die sich möglicherweise in Ihnen aufgestaut hat.

und Selbstvorwürfen einher. Gerade Frauen neigen häufig dazu, sich für eventuelle feindselige und destruktive Gefühle selbst zu bestrafen: Würden sie diese Empfindungen ausdrücken, könnte ja womöglich jemand gekränkt sein. Viele Frauen wurden schon als Kinder dazu angehalten, sozial zu denken und sich um andere zu kümmern. Das kann leicht zu einem inneren Konflikt führen, der Angst macht und Schuldgefühle auslöst.

Aggression und Wut sind also oft die eigentliche Ursache einer depressiven Verstimmung. Das sind jedoch Gefühle, die Frauen sich von der Erziehung her häufig am wenigsten zugestehen können. Denn eine wütende, zornige Frau macht massiv Angst. In diesem »heiligen« Zorn steckt aber auch der »heilsame« Zorn.

Es ist die Urkraft, die Drachin in der Frau, die mit dem Zorn zusammen unterdrückt wird. *Sie* lassen wir wieder lebendig werden, wenn wir unsere Wut zulassen. Wenn die Wut sein darf, kehrt auch die Kraft zurück: Wut wird in Kraft verwandelt.

Aggression und Wut

Menstruationsbeschwerden können auch mit nicht gelebter Aggression zusammenhängen. Aggression kann sich einerseits zwar destruktiv äußern, steht andererseits aber auch für Lebendigkeit. Wenn Sie als Frau bislang – wenn überhaupt – primär die destruktive Seite der Aggression ausgelebt haben, dann ist es an der Zeit, jetzt die aktive und kraftvolle, also die lebendige Seite aufzuspüren.

Vor und während der Blutung sind Frauen oft angespannt, gereizt und neigen öfter zu Wutanfällen. Sie schreien andere eher an und geraten öfter als sonst in Streit. Sie sehen ihre Lebenssituation in dieser Zeit klarer, weil sie einfach sensibler sind. Alles, was sie sonst oft relativ leicht wegstecken, drängt jetzt an die Oberfläche. Manchmal sehen sie ganz klar, was in ihrem Leben nicht stimmt, manchmal nehmen sie es eher als vage Ahnung wahr.

Der Körper kann Wut deutlich anzeigen. Der Rücken, der Kopf, der ganze Körper verspannt sich, wenn diese Wut kein Ventil findet. Frauen wollen dann oft nicht berührt werden, sind missmutig und sehr empfindlich. Sie reagieren schon auf Kleinigkeiten so gereizt, dass andere es nicht mehr nachvollziehen können.

Frauen in der Menstruation werden auch heute noch häufig als nicht ganz zurechnungsfähig betrachtet. Dann werden sie öfter zum Beispiel als »nicht ganz dicht«, »Furie«, »(Haus)-Drachen« oder »Spinnerin« bezeichnet. Wenn wir diese – natürlich abwertend gemeinten – Begriffe einmal in einem anderen Licht betrachten, können sie sich jedoch genau ins Gegenteil verkehren.

»Nicht ganz dicht« zu sein trifft während dieser Zeit ja tatsächlich zu. Frauen sind während ihrer Blutung besonders offen. »Furien« und »Drachen« sind wilde, starke, allseits gefürchtete Geschöpfe. Sie können alles niedertrampeln oder verschlingen, was sich ihnen in den Weg stellt, und sogar Feuer spucken. Der Drache dient in Mythen und Märchen oft als Symbol für die menstruierende Frau und die Kraft der Gebärmutter. In vielen Geschichten wird er gerade deshalb verfolgt und getötet.

Die »Spinnerin« spinnt ihr eigenes Leben. Sie spinnt sich selbst ihren Faden und ihr Netz, baut sich ihr eigenes Heim. Die Zeit der Blutung kann der rote Faden sein, mit dem eine Frau ihr eigenes Leben spinnt. Eine Frau, die eigene Gedanken entwickelt, muss oft genug hören, dass sie ein bisschen spinnt – auch von anderen Frauen. Wenn eine Frau etwas macht, was andere sich selbst nicht zugestehen, wird sie oft rasch abgewertet.

Dabei kann Spinnen ja gerade auch Vernetzung unter Frauen bedeuten, das Aufbauen von »Frauennetzwerken«. Wenn sich viele spinnende und zornige Frauen zusammentun, da geht es erst richtig los – da wird Kraft frei! Das wilde, ungezähmte Wesen kann zum Vorschein kommen und sich Raum schaffen – Frauenraum!

Wütende, streitbare Frauen werden oft noch nicht ernst genommen. Das wird sich erst ändern, wenn sie sich selbst ernst nehmen. Wut ist eine enorme Kraft, die Angst macht und Respekt einbringt. Gerade um die Zeit der Blutung herum ist es für Frauen immens wichtig, mit dieser Kraft umgehen zu lernen. Denn dann bricht die weibliche Urkraft hervor. Solange Frauen diese Kraft unüberlegt nach außen oder gar gegen sich selbst richten, werden sie unzufrieden sein.

Hinter der Wut stehen Bedürfnisse. Nehmen Sie sich Zeit und Raum, um diese Bedürfnisse zu ergründen. Dazu müssen Sie sich jedoch abgrenzen können. Frauen haben aus ihrer

Geschichte heraus häufig vielfache psychische und körperliche Grenzverletzungen erlebt. Oft kennen sie daher ihre Grenzen nicht genau – sie haben einfach nicht gelernt, klare Grenzen zu ziehen. Dann lassen sie sich von anderen leicht einengen. Enge und Schmerz hängen jedoch unmittelbar zusammen. Um zur eigenen Kraft zu finden, braucht eine Frau Raum und Weite.

Wenn Frauen sich beengt fühlen, kann es zu unkontrollierten Wutausbrüchen kommen. Die Gefühle sind wie in ein Gefängnis eingeschlossen und brechen dann plötzlich aus. Ausbrecher werden gewöhnlich jedoch verfolgt. Wütende Frauen wurden in der Vergangenheit häufig eingesperrt und psychiatrisch behandelt, also »ruhig gestellt«. Heute stellen sich manche Frauen selbst ruhig, indem sie freiwillig entsprechende Medikamente schlucken.

Die eigene Wut benennen und auch dahinter schauen zu können, erfordert Raum. Viele Frauen haben jedoch wenig eigenen Raum.

Der öffentliche Raum gehört noch zu einem Großteil den Männern. Schauen Sie sich nur einmal an, was für eine Haltung Frauen und Männer zum Beispiel in der Straßenbahn oder in einem Gasthaus einnehmen. Wie selbstverständlich sitzen viele Männer breitbeinig da und beanspruchen jede Menge Raum, während Frauen sich oft klein machen, die Beine übereinander schlagen und die Ellbogen nah am Körper halten.

Sich Raum zu geben bedeutet, sich auszudehnen. Wenn Frauen sich ausdehnen – innerlich und äußerlich –, brauchen sie vielleicht nicht mehr auszubrechen. Wenn sie ihre gesunden, lust- und kraftvollen Anteile sich ausdehnen lassen, hat das Kranke weniger Platz.

Auch Zeit ist Raum. »Zeit-Raum«, den Sie brauchen, um zu erkennen, was Sie vor oder während Ihrer Blutung oft so unruhig und wütend macht. Denn unkontrollierte Wut verpufft leider oft ergebnislos. Wenn Sie nur eine diffuse Ahnung davon haben, was Sie eigentlich stört, sollten Sie also besser nicht gleich zur Attacke übergehen, sondern sich eher fragen, was Sie jetzt brauchen.

Lassen Sie die Wut ruhig einmal heraus, sei es durch Trommeln, Stampfen, Schreien oder Rennen. Reagieren Sie sich ab, aber gehen Sie nicht gleich auf einen Menschen los. Achten Sie lieber darauf, welches Bedürfnis hinter Ihrer Wut steckt. Wenn Sie das dann klar äußern, erreichen Sie weit mehr, als wenn Sie unkontrolliert einen Streit vom Zaun brechen. Das heißt jetzt aber keineswegs, dass Frauen nie schreien und schimpfen dürfen – ganz im Gegenteil: Ein Wutausbruch kann manchmal sehr heilsam für alle sein.

Dann hat die Frau aber wohl gewusst, worum es ihr geht, und das auch entsprechend klar herübergebracht. Wenn die eigenen Bedürfnisse jedoch unklar sind und der Partner einfach nur angegriffen und beschuldigt wird, kann so ein Streit schnell ausufern und destruktiv und verletzend werden.

Wenn eine Frau lernt, mit ihrer Wut auf konstruktive Art umzugehen, dann kann sie die Wut transformieren und damit Zugang zu einem enormen Kraftpotenzial finden. Somit bietet Ihnen gerade die Menstruation die Chance, mit dieser weiblichen Urkraft in Kontakt zu kommen und sie konstruktiv einzusetzen.

Die folgenden Fragen sollen Ihnen dabei helfen zu erkennen, was wirklich hinter Ihren Wutausbrüchen steckt. Manchmal scheinen es ja nur Kleinigkeiten zu sein, die einen

Das können Sie tun:

Am besten stellen Sie sich diese Fragen in der aktuellen Situation. Schreiben Sie Ihre Antworten gleich auf. Überlegen Sie nicht lange, sondern trauen Sie sich, Ihre eigenen Gefühle zuzulassen, zu erkennen und anzuerkennen.

- Was macht mich jetzt wütend?
- Habe ich manchmal Angst, etwas zu zerstören, wenn ich meine Wut voll rauslasse?
- Wer kommt mir zu nahe?
- Wo sind jetzt meine Grenzen?
- Was brauche ich jetzt?
- Was passiert, wenn ich sage, was ich brauche?
- Wie sage ich anderen, was ich brauche?
- Werde ich dabei ernst genommen?
- Was passiert, wenn ich Nein sage?
- Enttäusche ich andere?
- Was passiert, wenn jemand von mir enttäuscht ist?
- Nehme ich meine Grenzen selbst ernst?
- Was passiert, wenn ich mich zurückziehe?
- Habe ich genügend Raum?
- Wie kann ich mir Freiraum verschaffen?

Wutanfall auslösen. Vielleicht kommen Sie auf diese Weise den wirklichen Ursachen für Ihre Wut leichter auf die Spur.

Sie werden vielleicht noch auf viele weitere Fragen stoßen. Wahrscheinlich werden Sie aber auch herausfinden, dass Sie sich oft Ihre eigenen Bedürfnisse nicht einmal zugestehen und sich schon gar nicht erlauben, sie zu befriedigen. Es ist zumeist ein längerer Prozess, über die Wut zur Kraft zu gelangen – aber er ist enorm wichtig. Und es lohnt sich, sich darauf einzulassen! Denn wenn die Wut nicht herauskommen darf, bleibt auch die Kraft weiter gefangen. Sie haben es selbst in der Hand, Ihre Wut über das Zulassen Ihrer Bedürfnisse in aktive Kraft zu verwandeln!

Traurigkeit

Oft folgt auf Wut und Aggression die Trauer. Wenn eine Frau weich wird, alles loslässt und das Blut fließt, fließen oft auch Tränen. Denn die Tränenkanäle sind in der Zeit um die Blutung herum ebenfalls offener und möchten loslassen. Weinen und Trauern kann sehr heilsam und erlösend sein.

»Selbstheilungsarbeit ist immer auch Trauerarbeit«, schreibt Angelika Koppe in ihrem Buch *Wo die Piranhas mit den Zähnen klappern – Die Kraft innerer Bilder in Selbstheilungsprozessen*. Alte Verletzungen, Enttäuschungen und Leid beginnen sich zu lösen. Das kann viele Lebensbereiche betreffen: zum Beispiel schmerzvolle Erlebnisse aus der Kindheit, Enttäuschungen und Verletzungen durch Eltern, Freunde und Partner. Es kann die Trauer darüber sein, dass es zu keiner Schwangerschaft gekommen ist, Trauer über nicht erfüllte Wünsche und nicht gelebte Liebe. Es kann die Trauer des Körpers oder einzelner Organe sein, die sich nicht beachtet und vernachlässigt fühlen. Es kann auch ein bevorstehender Abschied sein, der für die weitere Entwicklung notwendig ist.

Vielleicht beginnt Selbstheilung immer mit Abschied – Abschied von etwas, das nicht mehr stimmt. Es können alte Gewohnheiten, Sicherheiten, Beziehungen, Einstellungen oder Verhaltensmuster sein, die Sie loslassen sollten. Sie spüren vielleicht schon länger, dass Sie etwas an Ihrer Lebenssituation verändern müssen. In der Zeit der Blutung wird es Ihnen plötzlich klar. Es gehört aber viel Mut dazu, diesen Schritt dann tatsächlich auch zu machen. Denn es ist nicht einfach, die Leere, die dann entsteht, auszuhalten, bis wieder etwas Neues auf Sie zukommt.

Oft werden Frauen in der Zeit der Blutung aber auch von einer eher unbestimmten Traurigkeit erfasst. Trauer kommt auf, ohne dass sie genau wissen, warum. Es ist wichtig, dieses Gefühl wahrzunehmen und zu akzeptieren. Die Trauer wird deutlichere Formen annehmen, wenn sie uns willkommen ist. Dieses Gefühl zuzulassen wird uns in unserer Entwicklung weiterbringen, auch wenn es im Moment unangenehm und schmerzhaft erscheint.

Seien Sie einfach traurig und weinen Sie, wenn Ihnen danach ist. Wenn Sie die Trauer abwehren, belastet sie Sie nur, wenn Sie sie dagegen ausdrücken, kann die Trauer Sie befreien. Wenn Sie Ihre Traurigkeit vor anderen Menschen nicht zeigen wollen, ziehen Sie sich zurück. Suchen Sie sich einen Ort, an dem Sie sich geborgen und sicher fühlen. Das ist wichtig, damit die Tränen wirklich ungehindert fließen können.

Irgendwann in diesem Trauerprozess kann es dann zur Versöhnung und zum Verzeihen kommen. Alte Wunden heilen. Das muss aber nicht – oder zumindest nicht gleich – geschehen. Manche Erlebnisse oder Trauerzustände tauchen immer wieder auf. Dieser Prozess braucht seine Zeit. Wenn Sie Ihrer Trauer oder Ihren Tränen eine Weile freien Lauf gelassen haben, sollten Sie Trost suchen: Tun Sie sich selbst etwas Gutes. Es war ein mutiger Schritt, diese Gefühle zuzulassen: Darauf können Sie stolz sein.

Gefühle sind da, um zugelassen und ausgedrückt zu werden. Unterdrückte Gefühle werden in der Blutungsphase und in der Zeit davor besonders deutlich spürbar. Das ist jedes Mal wieder eine große Chance, Ihr Leben neu zu ordnen.

Zu erleben, dass Sie selbst etwas für Ihre Heilung tun können, stärkt Ihr Selbstvertrauen und Ihre Macht. Der Weg der Heilung führt, wenn Sie ihn erst einmal bewusst eingeschlagen haben, unweigerlich auch zu einer bewussteren und veränderten Wahrnehmung von Zyklus und Menstruation. Ihre innere Einstellung, Ihre Körperwahrnehmung, Ihre Sexualität und Ihre Lebensgewohnheiten werden sich verändern. So können Menstruationsbeschwerden uns helfen, Zugang zu unserer ureigenen Weiblichkeit und Lebendigkeit zu finden, uns gewissermaßen selbst neu zu gebären.

Die Menstruation ist also weit mehr als ein »notwendiges Übel«. Die Zeit der Blutung ist eine Zeit der inneren Wandlung, der Entwicklung und der Heilung. Sie kann auch für Sie zu einem »roten Faden« im Leben werden, der Sie immer wieder zu sich selbst zurückführt. So können Sie Schritt für Schritt zu der Frau werden, die Sie wirklich sind, Ihre ureigene Identität entwickeln.

Sanfte Hilfe bei Menstruationsbeschwerden

> Die Menschen erbitten die Gesundheit von den Göttern, dass sie selbst darauf Einfluss nehmen können, wissen sie nicht.
>
> *Heraklit*

Auf den vorhergehenden Seiten haben wir uns vor allem damit befasst, Wege zu finden, wie Sie Ihren Beschwerden auf gedanklicher, körperlicher und emotionaler Ebene begegnen können. Auf den nächsten Seiten werden Sie nun einige Methoden kennen lernen, die Sie noch darin unterstützen können, Ihre Menstruationsbeschwerden zu lindern und sich rundum besser zu fühlen. Dabei geht es im Wesentlichen um die Bereiche gesunde Ernährung, alternative Heilmethoden, Heiltees und -kräuter speziell für Frauen sowie Wege zur Entspannung.

Da all diese Bereiche darauf abzielen, eine grundlegende Veränderung herbeizuführen – also nicht die Symptome, sondern die Ursachen zu »behandeln« –, kann und wird es natürlich einige Zeit dauern, bis sich diese Veränderung einstellt. Geben Sie also bitte nicht auf, wenn die Menstruationsbeschwerden nicht gleich bei der ersten Tasse Tee verschwinden oder Sie nach zehn Minuten Atemübung immer noch ein Ziehen im Unterleib verspüren. Wirkliche Heilung braucht nun einmal ihre Zeit.

Gesunde Ernährung

Gesunde Ernährung spielt bei der Behandlung von Menstruationsbeschwerden eine zentrale Rolle. Wenn Sie beginnen, sich mehr Zeit dafür zu nehmen und konsequent auf eine gute Qualität der Lebensmittel zu achten, dann zeigen Sie sich selbst gegenüber Achtung und Wertschätzung. Ihr Solarplexus, Ihr Magen und Ihre Verdauungsorgane werden es Ihnen danken.

Eine ausleitende, entstauende Ernährungsweise wirkt sich besonders günstig auf den Organismus aus. Am besten verwenden Sie zum Beispiel besonders in der Zeit vor der Regel weniger Salz, da es Wasser im Gewebe bindet. Dann werden Sie weniger unter Schwellungen, Ödemen und Wassereinlagerungen zu leiden haben.

Zucker, Kaffee, Schwarztee, Alkohol und Nikotin sind ebenfalls schädlich für den Organismus und sollen noch dazu den Alterungsprozess fördern.

Versuchen Sie auch den Verbrauch an Milchprodukten einzuschränken. Verwöhnen Sie sich statt dessen lieber mit leckeren Gemüsegerichten und Obst. Reis, Spargel, Lauch, Fenchel, Artischocken, Brokkoli, Avocados oder Kartoffeln tun Ihnen auf jeden Fall gut.

Gut zu wissen

Natürliche Mittel können oft sehr wirksam sein. Mönchspfeffer, Nachtkerzenöl, pflanzliche Hormone und Blütenpollen gibt es auch in Form von Präparaten in der Apotheke. Früchte, die viel Vitamin C und Betakarotin enthalten, regulieren nicht nur den Menstruationsfluss, sondern regen darüber hinaus auch die sexuelle Aktivität an. Betakarotin ist zum Beispiel in Aprikosen, Papayas, Orangen, Mandarinen und Karotten enthalten. Diese Stoffe wirken nicht nur im Zusammenhang mit der Blutung, sondern auch in den Wechseljahren positiv auf den Hormonhaushalt.

Ebenfalls empfehlenswert sind Sojaprodukte, Bananen, Samen, Kerne und Nüsse, da sie Vitamin B6 enthalten. Je frischer etwas ist, umso besser tut es Ihrem Organismus. Außerdem sollten Sie auf eine ausreichende Versorgung mit Vitamin C, Magnesium und Zink achten. Sie können zur Behandlung Ihrer Beschwerden auch ein ergänzendes Multivitaminpräparat mit viel Magnesium und B-Vitaminen einnehmen – also täglich und nicht nur vor der Menstruation (bitte mit Ihrer Ärztin besprechen).

Nehmen Sie auch möglichst viele Vollwertprodukte und Ballaststoffe zu sich – und vor allen Dingen: Essen Sie langsam und kauen Sie gut. Nehmen Sie sich dabei Zeit. Ein voller Darm fördert übrigens auch Menstruationsbeschwerden:

Durch Vollwertprodukte können Sie also zugleich einer Verstopfung auf natürliche Art vorbeugen.

Obst kann Ihnen ebenfalls dazu verhelfen, sich in der Zeit um Ihre Periode herum wohler zu fühlen. Feigen und Himbeeren wirken zum Beispiel gegen zu starke Blutung, entwässern und reinigen den Darm.

Eine weitere Frucht, der eine besondere Heilwirkung zugeschrieben wird, ist die Papaya. Papayas enthalten viel Vitamin C und Betakarotin. Besonders bei Magen- und Darmbeschwerden sind damit schon enorme Heilerfolge erzielt worden. Darüber hinaus regen Vitamin C und Betakarotin auch die sexuelle Aktivität an. Betakarotin ist übrigens auch in Mangos, Orangen, Aprikosen und Mandarinen enthalten. Durch diese beiden Stoffe wird außerdem der Menstruationsfluss reguliert – der Blutfluss wird gesenkt und die Blutungen lassen nach. Die Papaya scheint auch in den Wechseljahren eine positive Wirkung auf den Hormonhaushalt zu haben.

Alternative Heilmethoden

Wenn Sie Ihre Ernährung umstellen und sich mehr mit natürlichen Entspannungstechniken beschäftigen, werden Sie vielleicht an einen Punkt kommen, an dem Sie möglichst keine chemischen Medikamente mehr einnehmen möchten. Dann bekommen natürliche, sanfte Heilmittel und -methoden für Sie womöglich einen immer höheren Stellenwert.

Deshalb wollen wir uns jetzt kurz mit einigen alternativen

Heilmethoden befassen, die zum Teil – wie beispielsweise Akupunktur – mittlerweile sogar in einem gewissen Rahmen von den Krankenkassen anerkannt werden. Wenn Sie sich von einer der hier vorgestellten Methoden angesprochen fühlen, sollten Sie sich jedoch sicherheitshalber vorher erkundigen, ob Ihre Krankenkasse die Kosten dafür übernimmt.

Homöopathie

Die Homöopathie ist eine ganzheitlich ausgerichtete Heilmethode; sie bezieht den ganzen Menschen in die Behandlung mit ein. Die Homöopathie baut auf dem Grundsatz auf, dass »Ähnliches Ähnliches heilt«: Derselbe Stoff, der einen Menschen in einer bestimmten Konzentration krank machen kann, kann ihn in entsprechender Verdünnung bzw. Potenz also auch heilen.

Das richtige homöopathische Mittel herauszufinden erfordert jedoch sehr viel Erfahrung und Gespür. Es ist daher nicht ratsam, selbst mit homöopathischen Mitteln herumzuexperi-

Gut zu wissen

Eine homöopathische Behandlung kann den Heilungsprozess bei Menstruationsbeschwerden sehr unterstützen. Das erfordert jedoch eine ausgezeichnete Beobachtungsgabe und viel Erfahrung. Deshalb ist es ratsam, sich von einem Homöopathen oder einem Arzt mit entsprechender Zusatzausbildung behandeln zu lassen.

mentieren, wenn Sie sich nicht wirklich lange und gründlich damit auseinander gesetzt haben.

Akupunktur, Akupressur und Shiatsu

Auch die traditionelle chinesische Medizin, kurz TCM genannt, behandelt den Menschen ganzheitlich und kann bei Menstruationsbeschwerden sehr wirksam sein. Die TCM geht von der Meridiantheorie aus. Meridiane sind Energiebahnen im Körper, durch die das *Chi*, die Lebensenergie, fließt. Beschwerden hängen aus dieser Sicht vor allem mit Energieblockaden zusammen. Mit Hilfe von Nadeln werden bei der Akupunktur daher bestimmte Punkte an den Energiebahnen stimuliert, um die Energie wieder in Fluss zu bringen.

Die Akupressur ist ein etwas sanfterer Weg: Hier wird dieselbe Stimulation mit dem Finger durchgeführt. Bestimmte Punkte auf der Haut, die zu den inneren Organen und dem Nervensystem in Beziehung stehen, werden dabei massiert. Das kann eine Frau auch selbst machen, wenn sie sich diese Punkte zuerst einmal von einem entsprechend ausgebildeten Masseur oder Heilpraktiker zeigen lässt.

Auch im Shiatsu, einer chinesischen Form der Massage, wird versucht, durch eine bestimmte Drucktechnik den Energiefluss – falls dieser an bestimmten Stellen im Körper blockiert ist – wiederherzustellen.

Bach-Blütentherapie

Die Bach-Blütentherapie gilt ebenfalls als wirksame ganzheitliche Methode, die Sie auch ergänzend zu anderen Therapieformen oder zur Begleitung einer medizinischer Behandlung einsetzen können. Dabei handelt es sich um Blütenessenzen, die nach einer ganz bestimmten Methode hergestellt werden. Sie wirken positiv auf die Seele und den Gemütszustand und damit auch auf den Körper ein.

Heiltees und Heilkräuter

Das Zauberwort, um körperliche Beschwerden während der Menstruation zu lindern, lautet »Ruhe!«. Versuchen Sie sich während »Ihrer Tage« auch wirklich »Ihre Zeit« zu nehmen – die Zeit, die Sie ganz persönlich brauchen, um zur Ruhe zu kommen. Viele Frauen müssen erst schrittweise lernen, mehr Raum und Zeit für sich zu beanspruchen. Um das gewissermaßen zu »trainieren«, könnten Sie sich öfter einmal in aller Ruhe eine Tasse Tee gönnen. Wenn Sie dann schon ein bisschen Übung darin haben, etwas für sich zu tun, käme anschließend vielleicht auch noch ein genüssliches Bad in Frage. Beide »Rezepte« erfüllen dann nicht nur die Aufgabe, Sie bei der Linderung von Menstruationsbeschwerden zu unterstützen, sondern können Ihnen auch helfen, ein bisschen zur Ruhe und damit wieder mehr zu sich selbst zu kommen.

Die Auswahl an Tees für Frauen, die unter chronischen Menstruationsbeschwerden leiden, ist enorm: Sie reicht von speziellen Teemischungen für junge Frauen bis zu Heiltees für die Wechseljahre. Da Sie sich in jeder Apotheke, in jedem Reformhaus und jeder gut geführten Drogerie in diesem

Gut zu wissen

Tees sollten Sie möglichst aus kontrolliert biologischem Anbau kaufen, um eventuelle Rückstände von chemischen Dünge- und Spritzmitteln zu vermeiden.

Punkt beraten lassen können, möchte ich hier nur kurz ein paar Teesorten aufführen, die sich bei bestimmten Beschwerden besonders bewährt haben.

Bei ziehenden Bauchschmerzen, die besonders am Anfang der Periode oft auftreten, helfen zum Beispiel Kamillen-, Pfefferminz- oder Kümmeltee. Diese Teesorten enthalten viel ätherisches Öl, was Krämpfe lindern kann.

Bei nervösen Beschwerden haben sich unter anderem Schafgarbekraut, Melissenblätter, Baldrianwurzeln und Hopfenzapfen, aber auch Kamillenblüten und Fenchel bewährt.

Wenn Sie unter depressiver Verstimmung oder Lustlosigkeit leiden, können Ihnen Johanniskraut, Schafgarbenkraut, Melissenblätter und Orangenblüten gut tun.

Bei vegetativer Dystonie hat sich die Schafgarbe als besonders hilfreich erwiesen: Sie können zum Beispiel eine richtige Kur machen, indem Sie über einen Zeitraum von sechs bis acht Wochen regelmäßig eine Tasse Schafgarbentee pro Tag trinken. Als Unterstützung können Sie auch noch einmal in der Woche ein Schafgarben-Vollbad oder zwei- bis dreimal in der Woche ein entsprechendes Sitzbad nehmen (jeweils etwa zehn bis fünfzehn Minuten).

Tees und Tipps für die Wechseljahre

Das Klimakterium – also die Wechseljahre – beginnt mit der hormonellen Umstellung der Frau. Diese Phase verläuft individuell ganz unterschiedlich und kann sich manchmal sehr lang hinziehen. Während dieser Zeit kommt es nicht nur zu einer großen Umstellung im Seelenleben einer Frau, sondern das Klimakterium kann – muss aber nicht – auch eine Reihe typischer körperlicher Beschwerden mit sich bringen.

Das können Sie tun:

Wenn Sie sich Ruhe gönnen und mehr Zeit für sich selbst nehmen, können Sie auch leichter mit der weiblichen menstruellen Kraft in Verbindung kommen. Versuchen Sie also, Ihren Tee möglichst in aller Ruhe und Gelassenheit zu trinken. Machen Sie die Tür hinter sich zu, damit Sie wirklich ungestört sind, oder schalten Sie sogar das Telefon ab.

Horchen Sie in sich hinein. Wie erleben Sie diese Ruhe? Versuchen Sie, nichts anderes zu tun, als Ihre Tasse Tee zu trinken.

Wie geht es Ihnen dabei? Wenn Unruhe und Gedanken aufkommen, dann lassen Sie sie einfach vorbeiziehen. Versuchen Sie, immer wieder zu Ihrer Tasse Tee zurückzukehren. Stellen Sie sich vor, wie Sie mit dem Tee die Ruhe und Kraft der Teepflanze und damit die Kraft von Mutter Erde in sich aufnehmen, die jede Zelle Ihres Körpers erfüllt.

Wenn Sie entsprechende Beschwerden haben, sollten Sie sich auf jeden Fall einmal medizinisch ganz durchchecken lassen. So können Sie sichergehen, dass es sich wirklich um Symptome der Wechseljahre handelt und keine organischen Krankheiten vorliegen.

Während der Wechseljahre sollten Sie besonders liebevoll und achtsam mit sich umgehen. Denn in dieser Zeit können auch Frauen, die bisher lebensbejahend, aktiv und ausgeglichen waren, manchmal ängstlich und depressiv werden, ohne dass nennenswerte organische Veränderungen vorliegen. Ausgelöst werden diese seelischen Schwankungen, die den Übergang in einen neuen Lebensabschnitt anzeigen, ebenso wie eventuelle körperliche Beschwerden in dieser Zeit nach schulmedizinischer Ansicht durch die hormonelle Umstellung. Dabei kann es zu Schweißausbrüchen, Hitzewallungen und Kopfschmerzen kommen.

Wenn Sie vor allem unter Hitzewallungen leiden, wirkt ein Heublumenbad sehr beruhigend und entspannend. Es hilft, das vegetative Nervensystem wieder ins Gleichgewicht zu bringen.

Achten Sie in dieser Zeit besonders darauf, dass Sie immer genügend Vitamine und Mineralstoffe zu sich nehmen: Diese Substanzen können Krämpfe lindern und bewirken, dass Sie sich rundum wohler fühlen. Am besten sorgen Sie dafür, dass auf Ihrem Speisezettel möglichst viele Lebensmittel stehen, die diese Stoffe enthalten. Sie können auch noch auf zusätzliche Präparate zurückgreifen – am besten erkundigen Sie sich in Ihrer Apotheke nach geeigneten Mitteln.

Gut zu wissen

100 Milligramm Vitamin B6 in einem Vitamin-B-Komplex sowie drei- bis viermal täglich je 100 Milligramm Magnesium können in dieser Zeit hilfreich sein. Außerdem werden Frauen im Zusammenhang mit den Wechseljahren, aber auch mit dem PMS Kalium, Kalzium und Vitamin A empfohlen. Diese Substanzen sollen positiv auf den Hormonhaushalt und die Botenstoffe einwirken.

Aber auch zahlreiche Heiltees können Ihnen mehr körperliche und seelische Stabilität vermitteln, Ängste abbauen, den Schlaf normalisieren und Nervosität und Kopfschmerzen lindern.

Besonders wirkungsvoll als Tee sind in diesem Fall Baldrian, Kamille, Melisse, Passionsblumenkraut und vor allem Johanniskraut. Johanniskraut gilt mittlerweile als eines der be-

Gut zu wissen

Die Einnahme von Johanniskraut erhöht die Empfindlichkeit gegenüber Sonnenbestrahlung. Das pralle Sonnenlicht sollte deshalb möglichst vermieden werden. Auf Höhensonne und Solarium sollten Sie auf jeden Fall verzichten, so lange Sie Johanniskraut in irgendeiner Form regelmäßig einnehmen.

währtesten Heilmittel gegen depressive Verstimmung und Unausgeglichenheit. Auch Nervosität und Schlafstörungen lassen sich mit Johanniskraut beheben oder zumindest mildern. Dann kommt auch wieder Lebensfreude auf, und Sie können leichter zur inneren weiblichen Kraft zurückfinden.

Gut zu wissen

Folgende Naturprodukte haben sich bei Menstruationsbeschwerden als gute Helfer bewährt:
Eine *hormonregulierende Wirkung* geht von den Blättern der Himbeere und der schwarzen Johannisbeere, von Hagebutte, Birke, Hopfen und Nachtkerzenöl aus.
Eine *entschlackende Wirkung* haben Magnesium, Rettich, Lindenrinde, Zypresse, Kümmel, Thymian, Rosmarin, Schachtelhalm, Honig und Pollen.
Eine *entspannende, beruhigende und schlaffördernde Wirkung* üben Weißdorn, Passionsblume, Baldrian, Weide, Melisse, Schlüsselblume und Engelwurz aus.

Die hier aufgeführten Heilpflanzen stellen nur eine kleine Auswahl an natürlichen Heilsubstanzen dar. Wenn Sie Lust haben, sich näher mit diesem Thema zu befassen, können Sie aber in jeder Apotheke oder im Reformhaus mehr über die Verwendungsmöglichkeiten von Heilkräutern erfahren, die bei Menstruationsbeschwerden besonders empfohlen werden.

Eine gesunde Lebensweise mit ausgewogener Ernährung und viel Bewegung an frischer Luft wirkt sich immer positiv aus. Leichte Kost entlastet die Verdauung, Bewegung bringt Sauerstoff in die Organe und sorgt für eine bessere Durchblutung.

Viele Ärzte empfehlen bei Zyklusbeschwerden auch, etwa dreimal die Woche mindestens 20 Minuten Sport zu treiben, also körperlich so richtig in Schwung zu kommen. Bewährt haben sich Ausdauersportarten wie Joggen, Schwimmen oder Radfahren, denn dabei werden Endorphine freigesetzt. Diese »Glückshormone« hellen die Stimmung auf, vertreiben Depressionen und lassen neue Lebensfreude aufkommen.

Wege zur Entspannung

Entspannung gilt heute bei sämtlichen Menstruationsbeschwerden als hilfreich. Viele Frauen haben bereits selbst die Erfahrung gemacht, dass Entspannungsübungen die Wirkung sanfter Heilmethoden optimal unterstützen. Die Palette der Entspannungsmethoden ist groß und reicht von Atemtechniken, autogenem Training und progressiver Muskelentspannung bis zu Hypnose und Yoga.

Beim Yoga gibt es viele verschiedene Schulen. Ich möchte Ihnen an dieser Stelle kurz das »Luna-Yoga« beschreiben, das sich besonders für Frauen eignet, die Menstruationsbe-

Das können Sie tun:

Sollten Sie sich momentan nicht intensiver mit Yoga oder einer anderen Entspannungstechnik beschäftigen können oder wollen, dann probieren Sie doch einfach einmal die beiden folgenden Übungen aus. Sie sind ganz leicht und ohne große Vorbereitung durchzuführen.

Entspannung im Gehen

Gehen Sie hinaus in die Natur und ziehen Sie, wenn es warm genug ist, Ihre Schuhe und Strümpfe aus. So können Sie den Boden – am besten auf einer Wiese oder im Wald – direkt mit Ihren Füßen berühren und spüren. Gehen Sie ganz langsam und bewusst und leiten Sie bei jedem Schritt beim Ausatmen Spannungen und Schmerzen in die Erde ab. Bitten Sie die Erde, Ihre Schmerzen aufzunehmen. Dann atmen Sie die Kraft der Erde ein. Stellen Sie sich vor, wie diese Kraft durch Ihre Fußsohlen in Sie hineinfließt, aufsteigt und jede Zelle Ihres Körpers mit Energie erfüllt. Beim Ausatmen geben Sie wieder Spannungen und Schmerzen durch Ihre Fußsohlen an die Erde ab.

Entspannung im Sitzen

Machen Sie es sich auf einem Stuhl, einem Sessel oder einem Sofa bequem. Setzen Sie sich so hin, dass Unterleib und Becken ganz weit sind. Atmen Sie nun tief ein. Stellen Sie sich vor, dass Sie mit jedem Atemzug, mit dem Sie

Sauerstoff aufnehmen, von Kraft und Stärke erfüllt werden. Dann versuchen Sie über Ihre Wirbelsäule auszuatmen. Malen Sie sich aus, dass am unteren Ende der Wirbelsäule alle Spannung heraustropft. Mit jedem Atemzug füllt sich Ihre Gebärmutter mit mehr Sauerstoff und Kraft, und die Spannung lässt langsam nach.

schwerden haben. Diese Yogarichtung wurde von Adelheid Ohlig entwickelt; sie eignet sich speziell für die Arbeit mit dem Zyklus und den weiblichen Organen. *Yoga* bedeutet die Einheit von Körper, Geist und Seele, *Luna* leitet sich von »Mond« ab.

Adelheid Ohlig weist in ihrem Buch *Luna-Yoga* auf den Zusammenhang mit dem Zyklus und die spezielle Konzentration der Übungen auf Becken, Genitalorgane und Unterleib hin. Diese Übungen können bewirken, dass eine Frau sensibler und aufmerksamer gegenüber ihren Geschlechtsorganen wird. Sie kann diese Methode bewusst dazu einsetzen, sich wohler zu fühlen und zu lernen, ihren Zyklus zu steuern. Luna-Yoga eignet sich also sehr gut zur Harmonisierung der weiblichen Ganzheit.

Mittlerweile werden auch von Frauengesundheitseinrichtungen, Volkshochschulen oder Yogaschulen unterschiedlicher Richtungen Kurse angeboten, die Sie darin unterstützen können, einen sanften Zugang zu Ihrem Körper zu finden.

Wenn Sie Zeit und Lust haben, sich ein bisschen intensiver mit Atem und Entspannung auseinander zu setzen, empfiehlt es sich, die nachher folgenden Atemübungen möglichst regelmäßig zu machen. Zuvor wollen wir uns aber noch etwas näher mit der Bedeutung des Atems an sich befassen und damit, wie Sie sich Ihre eigenen Atemgewohnheiten am besten bewusst machen können. Denn der Atem ist das wichtigste Bindeglied zwischen Leben und Tod, Menschlichem und Göttlichem.

Nichts auf der Erde verbindet uns mehr mit dem Leben als der Atem, obwohl wir uns des eigenen Atems meistens nicht gewahr sind. Manchmal atmen wir bewusst, manchmal unbewusst, in manchen Situationen schneller, in anderen langsamer.

Bei jedem Atemzug füllen sich die Zellen unseres Körpers mit frischem Sauerstoff, unserem Lebenselixier. Bewusstes Atmen bedeutet, Ja zu sagen zum Leben und zu uns selbst, bereit zu sein, Verantwortung für uns und unser Leben zu übernehmen.

Aber auch mit unserer Umwelt verbinden wir uns über das Atmen, und zwar mehr, als wir zumeist denken. Denn mit dem Sauerstoff nehmen wir auch die Energien unserer unmittelbaren Umgebung auf und stellen so unbewusst eine Verbindung zwischen der inneren und der äußeren Welt her.

Indem wir Sauerstoff einatmen, kommen wir mit den gleichen Atomen in Kontakt, die vor uns schon Athene, Isis, Sophia, indianische Medizinfrauen, Heilerinnen, unsere Ahninnen und unzählige andere Menschen in sich aufgenommen

> ### *Gut zu wissen*
>
> Der Atem hat auf der psychischen und auf der physischen Ebene eine reinigende Funktion. Auf der körperlichen Ebene werden etwa 70 Prozent der Abfallstoffe über unseren Atem ausgeschieden, circa 20 Prozent über die Haut und nur etwa 10 Prozent über Urin und Stuhlgang. Entsprechend hoch ist auch der Prozentsatz an alten seelischen Schlacken, die wir durch bewusstes Atmen loslassen können.

und wieder an den Kosmos abgegeben haben – und das seit Anbeginn der Zeit.

Der Atem stellt aber nicht nur ein Bindeglied zwischen der äußeren und der inneren Welt dar, sondern macht uns auch die Verbindung bzw. die Wechselwirkung zwischen unserem Körper und unseren Gefühlen deutlich. So gehen zum Beispiel Wut und Zorn mit flachem Einatmen und heftigem Ausatmen einher, was zu Verspannungen im gesamten Körper, vor allem im Bereich von Brust, Händen, Nacken und Kiefer, führen kann. Bei Furcht und Angst atmen wir oft flach, schnell und unregelmäßig. Ungeduld kann sich durch kurzen, stoßartigen und unkoordinierten Atem äußern, der manchmal auch zu einem Spannungsgefühl im Brustkorb führt. Schuld- und Schamgefühle lassen uns leicht erröten, und der Atem wird schwer. Dann kann schnell ein Gefühl aufkommen, als würde uns die Kehle zugeschnürt.

Vielen Menschen ist gar nicht bewusst, dass ein oberflächliches oder eingeschränktes Atmen zu körperlichen Spannungszuständen führt. Erst durch bewusstes Atmen können wir Spannungen – wie zum Beispiel auch während der Menstruation – bewusst wahrnehmen und lösen, indem wir den Atem genau in diese Regionen leiten. So können wir uns von körperlichen und seelischen Schmerzen befreien.

Mit jedem Einatmen können wir uns ganz bewusst für Neues öffnen und uns größeren Raum für unsere Weiblichkeit und unsere spirituelle Entwicklung geben. Und mit jedem Ausatmen können wir einen Loslösungsprozess von alten Ängsten, unangenehmen Erfahrungen sowie von körperlichen und seelischen »Schlacken« in Gang setzen. So wie mit dem Menstruationsblut alte Schlacken unseren Körper verlassen, so können wir uns auch mit dem Ausatmen von alten Verletzungen lösen.

Atemübungen

Nachdem wir uns etwas näher mit dem Atem und seinen Auswirkungen auf Körper und Seele befasst haben, möchte ich Sie mit einigen Atemübungen vertraut machen. Erschließen Sie sich die heilende und stärkende Kraft des Atems und genießen Sie es!

Die folgenden Atemübungen bieten Ihnen die Möglichkeit, die heilsame Wirkung des Atems einmal am eigenen Leib – und natürlich auch in der Seele – zu erfahren.

Das können Sie tun:

Um mit Ihrem Atem in Kontakt zu kommen, ist es sinnvoll, zuerst einmal genau zu beobachten, wie Sie eigentlich atmen. Dazu legen Sie sich am besten entspannt auf den Rücken, eventuell mit einer gerollten Wolldecke unter den Knien und einem Kissen unter dem Kopf. Beobachten Sie Ihren Atem, wie er ganz von selbst kommt und geht. Lassen Sie sich Zeit dabei, und stellen Sie sich dann folgende Fragen:

- Wo im Körper spüre ich das Einatmen?
- Wo spüre ich die Bewegung des Ausatmens?
- Gibt es eine kleine Pause nach dem Einatmen oder nach dem Ausatmen?
- Atme ich durch den Mund oder durch die Nase?

An der letzten Frage haben Sie bereits gesehen, dass es zwei Atemarten gibt: die *Nasenatmung* und die *Mundatmung*. Gewöhnlich atmen wir durch die Nase. Der Vorteil dieser Atemweise liegt darin, dass die Luft durch die Schleimhäute der Nase gereinigt, erwärmt und befeuchtet wird. Zwar dauert es dabei etwas länger, bis die Luft die Lunge erreicht, dafür wird jedoch das Zwerchfell, unser wichtigster Atemmuskel, stärker aktiviert als bei der Atmung durch den Mund. Außerdem gelangt so wesentlich mehr frischer Sauerstoff in den Bauchraum und damit auch in die Gebärmutter.

Wenn Sie anfangen, Ihren Atem bewusster wahrzunehmen, werden Sie auch feststellen, dass sich Ihr Bauch-

und Brustbereich bei der Nasenatmung weiter ausdehnt als bei der Mundatmung. Im übertragenen Sinne bedeutet das, dass Sie sich selbst jetzt mehr Raum zugestehen und ihrer eigenen Weiblichkeit mehr Platz einräumen!

Übung mit dem Schmerz

Legen Sie sich auf den Rücken. Die Arme liegen neben dem Körper und die Beine nebeneinander, die Füße fallen leicht auseinander. Stellen Sie sich nun vor, wie Sie liebevoll in den schmerzenden Körperbereich hineinatmen. Lassen Sie den Atem sich dort weit ausbreiten. Jedes Einatmen lässt Lebensenergie in die kranke, schmerzende Stelle fließen, jedes Ausatmen sorgt für Entspannung und Lösung.

Sie atmen ganz tief ein. Stellen Sie sich vor, wie Sie frischen, wohltuenden Atem zu dieser Stelle (vielleicht zur Gebärmutter oder zu den Eierstöcken) leiten. Der frische Sauerstoff umspült das schmerzende Organ sanft mit Ruhe, Kraft und lebensbejahender Energie. Machen Sie nach dem Einatmen eine kleine Pause. Beim Ausatmen können Sie sich dann vorstellen, wie alte Schlacken, ziehende Schmerzen, Traurigkeit oder vielleicht auch Angst Ihren Körper verlassen. Atmen Sie so lange wie möglich aus. Denn je länger Sie ausatmen, desto mehr Schadstoffe, Schlacken und alte seelische Verletzungen lösen sich aus Ihrem Körper. Behalten Sie diesen Atemrhythmus so lange bei, wie es Ihnen gut tut.

Erzwingen Sie nichts. Sobald Ihnen leicht schwindelig

wird oder Sie sich unwohl fühlen, hören Sie damit auf und atmen wieder ganz normal weiter. Beenden Sie die Übung damit, dass Sie die Arme hinter den Kopf nehmen und sich so richtig genüsslich dehnen und strecken.

Übung mit der Stille

Vielleicht gehören Sie ja zu den Frauen, die während Ihrer Periode leicht gereizt und aggressiv reagieren. Dann kann Ruhe umso heilsamer sein. Diese Übung können Sie überall und jederzeit durchführen. Sobald Sie merken, dass Sie nervös oder wütend werden, versuchen Sie, sich auf sich selbst zu besinnen, und gönnen sich einen kurzen Augenblick der Stille.

Setzen Sie sich aufrecht und so entspannt wie möglich auf einen Stuhl. Der Rücken ist gerade, Ihre Füße stehen auf dem Boden. Nehmen Sie durch die Füße Kontakt zum Boden auf. Das erdet und beruhigt zugleich. Die Hände liegen locker auf den Oberschenkeln. Schließen Sie die Augen oder richten Sie den Blick ins Leere und beobachten Sie bewusst Ihren Atem. Achten Sie darauf, wie er ganz von selbst kommt und geht.

Versuchen Sie nun, ihn mit einer sanften Bewegung Ihrer Hände zu begleiten: Beim Ausatmen zeigen die Handflächen nach oben, beim Einatmen nach unten. Wiederholen Sie diese Übung mindestens zehnmal. Dann können Sie bereits spüren, wie beruhigend sich der Atem auswirkt.

Versuchen Sie, diese Übung immer zu machen, wenn Sie in Stress geraten: Wenn Sie zum Beispiel merken, dass Sie in einem Gespräch sehr gereizt reagieren, entschuldigen Sie sich einen Augenblick und gehen zur Toilette oder in ein anderes

Zimmer. Dort setzten Sie sich einen Moment hin und machen diese Übung. Sie werden bald merken, dass Sie in belastenden Situationen durch diese Atmung wieder ruhig werden und zu Ihrer Mitte zurückzufinden.

Übung mit Mutter Erde

Auch diese Übung kann Ihnen zu innerer Ruhe verhelfen und Sie zudem darin unterstützen, wieder Zugang zu den Stimmen der Natur und zu Ihrer eigenen inneren Stimme zu finden. Die Natur ist ein wunderbarer Mittler zwischen uns Menschen und dem Göttlichen.

Gehen Sie hinaus in die Natur und suchen Sie sich ein Fleckchen Erde, auf dem Sie sich wohl und geborgen fühlen – ein Baum, ein Bach oder ein Fluss in der Nähe wäre schön. Nun sollten Sie sich erst einmal sammeln, um innerlich auch richtig an dem Ort, an dem Sie gerade sind, anzukommen. Nehmen Sie Ihren Körper und die Umgebung bewusst wahr und entspannen Sie sich mit ein paar tiefen Atemzügen.

Legen Sie sich auf den Rücken. Die Arme liegen neben dem Körper und die Beine nebeneinander, die Füße fallen leicht auseinander. Denken Sie daran, die Beine bei den Übungen niemals zu überkreuzen, denn dadurch wird der Energiefluss blockiert. Schließen Sie die Augen und geben Sie Ihr Gewicht an den Boden ab. Nehmen Sie nun Kontakt zu Ihrer Umgebung, zur Erde, zur Luft und zu allem Leben auf. Versuchen Sie, dabei die Kraft von Mutter Erde zu spüren, aus der alles Leben entsteht, und diese Kraft mit jeder Zelle Ihres Körpers aufzunehmen.

Wie steht es mit der Kraft des Baumes, unter dem Sie liegen? Hören Sie ihn sprechen, wenn der Wind durch seine Blätter rauscht? Was will er Ihnen sagen? Sind Sie offen für die Botschaft des Flusses oder des Baches, der an Ihnen vorbeirauscht? Verstehen Sie sein Lied? Öffnen Sie sich ganz Ihrer Umgebung und Ihrer inneren Stimme.

Übung mit dem Bauchraum

Diese Übung, die aus dem Taoismus stammt, hat zum Ziel, die eigenen Energien bewusster wahrzunehmen, gezielter mit ihnen umzugehen und sie wieder aufzuladen. Wenn Sie tief in den Bauch hineinatmen, wird der Bauchraum gedehnt. Dann kommt es neben einer Massage der inneren Organe auch zu einer erhöhten Zufuhr von Lebensenergie, die im Taoismus als *Chi* bezeichnet wird, in diesem Körperbereich.

Stellen Sie sich aufrecht hin, die Füße hüftbreit auseinander, und nehmen Sie Kontakt zum Boden auf. Um möglichst aufrecht zu stehen, stellen Sie sich einfach vor, dass Ihr Bauchnabel erst ein wenig nach innen und dann nach oben gezogen wird.

Versuchen Sie jetzt, durch einige Atemzüge ganz im Hier und Jetzt anzukommen. Dann atmen Sie durch die Nase ein. Stellen Sie sich dabei vor, dass die Luft durch einen dünnen, langen Schlauch in einen Luftballon strömt, der sich unterhalb Ihres Bauchnabels befindet. Je mehr frische, reine Luft – und somit auch Lebenskraft – Sie einatmen, desto mehr dehnt sich Ihr Bauch aus.

Das Ausatmen erfolgt so langsam wie möglich ebenfalls

Gut zu wissen

Die Bauchatmung entlastet das Herz, regt die Hormonproduktion, den Stoffwechsel und die Durchblutung an und versorgt das Lebenszentrum des Menschen mit mehr Lebenskraft.

durch diesen Schlauch. Achten Sie darauf, dass das Ausatmen länger ist als das Einatmen, und wiederholen Sie diese Übung ein paar Mal. Durch diese Art der Atmung wird Ihr Lebenszentrum, das sich im Bauchraum befindet, gereinigt. Außerdem werden Ihre Gebärmutter und Ihre Eierstöcke auf diese Weise sanft massiert und mit frischer Energie versorgt.

Bewusste Bauchatmung hat auch noch den Vorteil, dass Sie dadurch besser mit Ihren Emotionen in Kontakt kommen. Durch die Harmonisierung von Körper und Geist können auch psychische Blockaden aufgelöst werden: Ein harmonischer Energiefluss im Körper entsteht. So finden Sie wieder zu innerer Ruhe, was für einen positiven Umgang mit Ihrer Menstruation nun einmal die wichtigste Rolle spielt.

Und vergessen Sie auch nicht, immer wieder darauf zu achten, dass Ihre Füße gut mit dem Boden verwurzelt sind. Spirituelle Entwicklung setzt voraus, dass wir mit beiden Beinen fest im Leben stehen.

Übung mit dem »inneren« Lächeln

In dieser Übung beschenken Sie all Ihre Organe mit einem inneren Lächeln und bedanken sich bei ihnen. Denn besonders Menstruationsschmerzen wollen uns oft darauf aufmerksam machen, dass die beteiligten Organe sich ein wenig Beachtung und Wertschätzung von uns wünschen.

Haben Sie sich jemals bei Ihrem Herzen bedankt – dafür, dass es tagein, tagaus für Sie schlägt? Oder bei Ihren Füßen – dafür, dass sie Sie jeden Tag über lange Strecken hinweg tragen, ohne sich sonderlich zu beklagen? Oder wie steht es mit Ihrer Gebärmutter, die Ihnen vielleicht Kinder geschenkt hat und Ihnen unermüdlich schöpferische Kraft spendet?

Setzen oder legen Sie sich bequem hin und schließen Sie die Augen. Kommen Sie bei sich an und erden Sie sich. Dann gehen Sie mit Ihrem Bewusstsein zuerst einmal zu Ihren Füßen. Lächeln Sie Ihrem rechten Fuß zu. Schicken Sie ihm mit drei Atemzügen frische, lebendige Lebenskraft und ein kleines, von Herzen kommendes Dankeschön für all die Dienste, die er Ihnen schon geleistet hat. Dann gehen Sie zum linken Fuß über – ihm lächeln Sie genauso zu. Weiter geht es mit den Waden. Drei Atemzüge mit frischer Lebensenergie, ein Lächeln und ein Dankeschön werden sie bestimmt genießen.

Danach fährt diese »Reise des Lächelns« und des Dankes durch Ihren ganzen Körper: Zu den Knien, den Oberschenkeln, dem Geschlecht, den Eierstöcken und zur Gebärmutter. Wie viel mussten unsere weiblichen Organe schon aushalten: Bedanken Sie sich bei Ihnen und schenken Sie Ihnen ein Lächeln – oder auch zwei. Weiter geht die Reise, vorbei an all den inneren Organen bis hin zu den Gliedmaßen, dem Bauch, dem Rücken, dem Hals und schließlich zum Kopf und zu den Haaren. Lächeln Sie jedem einzelnen von ihnen immer wieder zu und bedanken Sie sich. Denn wir können unseren Organen gar nicht genug danken!

Farbmeditationen

Neben Entspannungsmethoden wie Yoga oder Atemübungen, von denen Sie ja nun ein paar kennen gelernt haben, gibt es natürlich auch noch andere Möglichkeiten, Menstruationsbeschwerden sanft und ohne Medikamente zu begegnen. Eine davon, nämlich die Farbmeditation, möchte ich Ihnen hier noch kurz vorstellen.

In den letzten Jahren wurde die heilende Kraft der Farben zunehmend erforscht. Immer mehr Menschen profitieren inzwischen davon. Farben beeinflussen uns nämlich weit mehr, als uns üblicherweise bewusst ist. Sie machen unser Leben nicht nur bunter, sondern können uns auch bei der Linderung von Menstruationsschmerzen unterstützen. Dabei kommt es jedoch sehr darauf an, mit welcher Farbe Sie meditieren.

Auch wenn Rot Sie zum Beispiel sehr anspricht, sollten Sie bei starken Krämpfen oder Blutungen nicht mit dieser Farbe meditieren. Probieren Sie es dann lieber mit blutstillendem Blau oder krampflösendem Grün. Gelb hingegen empfiehlt sich bei schwacher Blutung, da es die Aktivität von Drüsen und Schleimhäuten anregt.

Je nachdem, welche Beschwerden Ihnen bei der Menstruation am ehesten zu schaffen machen, können Sie in dieser Zeit mit folgenden Farben meditieren. Aber auch zu jedem anderen Zeitpunkt des Zyklus können Sie natürlich auf die Kraft der Farben zurückgreifen.

Meditation mit der Farbe Gelb

Gelb wirkt ausgesprochen erheiternd und stärkend auf das Gemüt. Sollten Sie einmal müde und niedergeschlagen sein, empfiehlt sich also eine Meditation mit der Farbe Gelb.

Am besten legen Sie sich dazu auf den Rücken. Schließen Sie die Augen und stellen Sie sich vor, dass Sie am Strand oder auf einer Wiese liegen – Sie fühlen sich ganz wohl und geborgen. Die Arme liegen neben dem Körper, die Beine sind ausgestreckt.

Stellen Sie sich nun vor, wie die Sonne auf Ihre Füße scheint: Sie werden ganz warm. Dann beginnen Sie, das gelbe Licht der Sonne durch die Füße einzuatmen. Malen Sie sich dabei aus, wie die Lichtstrahlen jede Zelle Ihres Körpers mit gelber Farbe durchfluten: Füße, Waden, Knie, Oberschenkel, Becken, Geschlecht, die inneren Organe, insbesondere die Gebärmutter, den Rücken, Bauch- und Brustraum, Hals, Nacken, das Gesicht und schließlich die Arme. Jeder Muskel, jede Zelle und jede Faser Ihres Körpers wird von dem gelben Licht der Sonne durchflutet, und mit jedem Ausatmen verlässt Dunkelheit Ihren Körper.

Die gelbe Farbe regt die Schleimhäute und den Blutfluss an und hilft Ihnen, mit dem Menstruationsblut auch alte

Schlacken, Schmerzen und Verletzungen loszulassen. Alte Schleimhaut wird durch frische Zellen ersetzt. Mit jedem Einatmen des gelben Lichtes fühlen Sie sich frischer und vitaler, als ob Sie mit jedem Atemzug Sonnenenergie in sich aufnehmen würden. So beginnen Sie schließlich, selbst wie eine leuchtende Sonne zu strahlen.

Meditation mit der Farbe Grün
Grün wirkt ausgleichend und beruhigend auf das Gemüt. Wenn Sie gestresst sind, sollten Sie also mit dieser Farbe meditieren.

Mit Grün lässt sich in der warmen Jahreszeit natürlich am besten in der freien Natur meditieren. Suchen Sie sich eine Wiese, die so richtig saftig grün ist. Dort legen Sie sich dann auf den Boden und stellen sich bei jedem Einatmen vor, wie Sie von dem satten Grün durchströmt werden. Mit jedem Ausatmen geben Sie Traurigkeit, Sorgen und negative Gedanken an die Erde ab. Mit jedem Atemzug atmen Sie also Ruhe ein und Unruhe aus. Das Grün beruhigt Ihre Nerven und führt zu einer Harmonie zwischen Körper und Geist.

Wenn Sie während Ihrer Periode starke Schmerzen haben, stellen Sie sich vor, wie die grüne Farbe in Ihren Körper strömt und die Organe und Bereiche, die verkrampft sind, sanft umspült. Mit jedem Einatmen nehmen Sie grünen, frischen Sauerstoff auf, der mit Lebensenergie angefüllt ist. Mit jedem Ausatmen löst sich die Verkrampfung ein bisschen mehr, Sie entspannen sich und kommen langsam zur Ruhe.

Meditation mit der Farbe Blau

Die Farbe Blau hat eine blutstillende und beruhigende Wirkung. Sollten Sie während Ihrer Periode sehr starke Blutungen haben, dann atmen Sie also am besten die Farbe Blau ein.

Stellen Sie sich vor, wie die blaue Farbe den Blutfluss geringer werden lässt. Vielleicht ist ja gerade der Himmel besonders blau – dann lassen Sie das Blau des Himmels in sich hineinströmen. Vielleicht sitzen Sie aber auch gerade am Meer oder an einem See – dann atmen Sie das Blau des Wassers ein. Lassen Sie das Blau Ihr Blut umspülen, bis es sich beruhigt hat und der Blutfluss schwächer wird.

Auch blaue Kleidung kann Ihnen helfen: Die beruhigende Wirkung dieser Farbe kann bis zu Ihren Organen vordringen und sie ebenfalls wieder zur Ruhe kommen lassen.

Meditation mit der Farbe Rot

Obwohl Sie bei starken Krämpfen und Blutungen nicht mit der Farbe Rot meditieren sollten, darf Rot – die Farbe des Blutes – hier natürlich auch nicht fehlen.

Rot steht für die Liebe und das Leben und wirkt aktivierend, sexuell stimulierend und vitalisierend auf Körper, Geist und Seele. Rot symbolisiert die Menstruation, das Menstruationsblut, die Weiblichkeit, das Feuer und die Sexualität.

Setzen Sie sich auf einen Stuhl und stellen Sie die Füße parallel zueinander auf den Boden. Schließen Sie die Augen, sammeln Sie sich zuerst mit einigen tiefen Atemzügen und erden Sie sich. Stellen Sie sich nun vor, wie Sie durch die Füße das rote Magma aus dem Erdinneren einatmen: Mit jedem

Einatmen nehmen Sie die Kraft von Mutter Erde in sich auf. Auch hier lassen Sie wieder den ganzen Körper davon durchfluten und tanken jede einzelne Zelle mit der Kraft und Vitalität der roten Farbe auf.

Besondere Aufmerksamkeit können Sie Ihren Geschlechtsorganen und dem Beckenboden schenken. Malen Sie sich aus, wie die Lebendigkeit der roten Farbe und der Sexualität Sie durchströmt. Sollten dabei sexuelle Phantasien auftauchen, dann lassen Sie sie einfach zu, ohne sie zu bewerten. Je wertfreier Sie damit umgehen, umso natürlicher wird Ihre Sexualität fließen können.

Stellen Sie sich vor, wie Sie die weibliche Energie der Großen Göttin einatmen, bis jede Zelle Ihres Körpers davon erfüllt ist. Wie die Lava im Erdinneren pulsiert die Kraft der roten Farbe in Ihnen und erfüllt Sie mit Leidenschaft, Stärke und Hingabe. Hingabe an die Weiblichkeit, die Heilkraft und das Wissen der Großen Göttin. Genießen Sie diese Kraft und lassen Sie sich ganz davon erfüllen. Wenn Sie das Gefühl haben, dass die rote Farbe Ihnen Kraft verleiht, dann sollten Sie öfter einmal rote Kleidung tragen und sich auch auf diese Art die Kraft dieser Farbe erschließen.

Welche der vorgeschlagenen Übungen und Tipps Sie auch immer ausprobieren möchten, sie können Ihnen nicht nur bei der Linderung Ihrer Menstruationsbeschwerden helfen. Sie alle können Sie darüber hinaus auch darin unterstützen, einen besseren Zugang zu Ihrer ureigenen weiblichen Kraft und Stärke zu finden.

Die eigene Urkraft entdecken

Die Furien, in ihrem klaftertief unter Erziehung und Gehirnwäsche verborgenen Raum, haben den Frauen zugeflüstert, dass sie zurückkommen, die Angst und die Scham abwerfen und schließlich den Spalt im Gefängnistor durchbrechen werden …
Die Frauen müssen sich ihre Rechte nicht erbitten. Die Rechte waren von Anfang an da. Die Frauen müssen sie sich jetzt zurücknehmen, zusammen mit den Geheimnissen, die ihnen gehörten und die geschändet, gestohlen oder zerstört worden sind.

Leonora Carrington[1]

Wenn sich eine Frau der inneren Abläufe während des monatlichen Zyklus bewusst ist und mit den Kräften, die während dieser Zeit aufbrechen, richtig umgeht, kann sie Zugang zur Stärke und Weisheit ihrer Weiblichkeit finden. Aus dieser Weisheit schöpften Frauen schon zu Urzeiten, und aus ihrem Körper bezogen sie seit jeher ihre Energie.

Wenn Frauen in Harmonie mit ihrem Körper leben, können sie die »drei heiligen Kräfte« entwickeln: die spirituelle, die magische und die weise Kraft. Diese Urkraft schlummert tief im Körper verborgen und wartet nur darauf, von uns entdeckt zu werden.

Der Weg zur inneren Quelle

Eine Frau, die mit ihrer inneren Kraftquelle verbunden ist und ihren Bedürfnissen folgt, wird erkennen, dass sie – wie auch die Natur – bestimmten Zyklen und Rhythmen unterliegt. Zugang zu diesen Rhythmen zu finden und im Einklang damit zu leben war für Frauen früher selbstverständlich. Seit dem Einsetzen des Industriezeitalters haben wir uns jedoch von der Natur um uns herum, aber auch von unserer eigenen Natur mehr und mehr abgeschnitten.

Diese Entfremdung hat dazu geführt, dass wir solche Rhythmen – wie zum Beispiel die Menstruation – zwar hinnehmen, aber oft keinen wirklichen Kontakt mehr dazu haben. Doch auch wenn wir es häufig nicht bewusst wahrnehmen, beeinflusst die Natur unser Denken, Fühlen und Handeln mehr, als uns oft lieb ist.

Dass wir den Zugang zu diesen Rhythmen in einem solchen Maß verloren haben, liegt zum Teil daran, dass es in unserer Leistungsgesellschaft nur schwer möglich ist, sie in unser Leben einzubeziehen. Wer auf seinen eigenen Biorhythmus achtet, lebt jedoch gesünder und ist zudem ausgeglichener, erfolgreicher und zufriedener.

Beobachten Sie zuerst im Laufe eines Tages, dann aber auch über einen ganzen Monat hinweg ganz bewusst, wie Ihr eigener Biorhythmus eigentlich angelegt ist, und schreiben Sie die Ergebnisse auf. Wenn Sie das erst einmal herausgefunden haben, können Sie ja überlegen, ob es sich beruflich so einrichten lässt, dass Sie Ihre Hoch-Zeiten besser nutzen

Das können Sie tun:

Viele Menschen kennen ihren eigenen Rhythmus heute gar nicht mehr. Denn wer in feste Arbeitszeiten eingebunden ist, kann nur schwer dem eigenen Zyklus nachgehen. Wenn Sie herausfinden wollen, wie Ihr ganz persönlicher Rhythmus eigentlich aussieht, können Sie sich selbst einmal folgende Fragen stellen:

- Sind mir »meine Zeiten« und »meine Rhythmen« überhaupt bekannt?
- Bin ich ein »Morgen-« oder eher ein »Nachtmensch«?
- Wann ist meine »Hoch-Zeit«, und wann habe ich am wenigsten Energie?

können. Wenn Sie also zum Beispiel ein Nachtmensch sind, könnten Sie vielleicht mit Ihrem Chef abklären, ob es möglich wäre, dass Sie etwas später mit der Arbeit beginnen. Oder Sie legen Ihre Pause grundsätzlich in eine Zeit, in der Ihr Biorhythmus ohnehin auf dem Tiefpunkt ist. Dann können Sie sich in dieser Zeit auch wirklich entspannen, statt uneffektiv und lustlos weiterzuarbeiten.

Die Macht des Zyklus

Wenn Ihnen bewusst geworden ist, dass Sie häufig im Widerspruch zu Ihrem eigenen Rhythmus leben, werden Sie sich selbst wohl auch ein bisschen besser verstehen. Denn das erklärt ja, warum Sie manchmal mitten am Tag müde sind oder abends nicht einschlafen können, obwohl Sie doch früh aufgestanden und am Morgen nur schwer aus dem Bett gekommen sind.

Um diese Zusammenhänge wirklich zu begreifen und an die Quelle der eigenen Kraft zu gelangen, ist es wichtig zu spüren, wie sich die unterschiedlichen Phasen des eigenen Zyklus auf die gesamte Persönlichkeit auswirken. Denn wenn Sie im Einklang mit Ihrer inneren Natur leben, können Sie Ihre Kraft weit besser nutzen, als wenn Sie sich ihr widersetzen.

Viele Frauen wissen gar nicht, dass sie unterschiedliche Phasen durchlaufen, in denen ganz verschiedene Stärken und Bedürfnisse zum Tragen kommen. So durchlebt eine Frau innerhalb eines Monats regelmäßig mehrere Phasen, die nicht nur auf körperlicher, sondern auch auf psychischer Ebene spürbar sind. Wenn Sie aber erst einmal erkannt haben, dass Ihre Stimmung und Ihr Energiepegel in einem engen Zusammenhang mit Ihrem Zyklus stehen, können Sie die jeweilige Situation auch leichter annehmen und besser damit umgehen.

Miranda Gray stellt in ihrem Buch *Roter Mond* ein so genanntes »Zyklus-Energiemodell« vor, das aufzeigt, welche Kräfte in den verschiedenen Phasen wirksam sein können.

Dabei unterteilt Gray den Zyklus in vier Phasen und beschreibt die jeweiligen Energien.

Die *Jungfrau-Phase* umfasst den Zeitraum vom Ende der Blutung bis zum Eisprung. Die Energie ist jetzt nach außen gerichtet, Frauen sind gern gesellig; Entschlusskraft und Konzentrationsvermögen nehmen zu. Die Einsichten und Ideen der dunklen Zeit der Menstruation können nun im Leben umgesetzt werden. Die tranceähnliche Langsamkeit während der Blutung verwandelt sich in dynamische Energie und Tatkraft. Der Jungfrau-Aspekt stellt in gewisser Weise den »männlichen Aspekt« dar: Frauen sind dann oft sehr ehrgeizig und karrierebewusst.

Die *Mutter-Phase* ordnet Gray der Zeit des Eisprungs zu. Die Energie steht für Nähren und Erhalten und für die Fähigkeit, aus dem Inneren neues Leben zu schöpfen. Verantwortung, Fürsorge und Zuwendung gegenüber anderen Menschen stehen in dieser Phase im Vordergrund. Manche Menschen nehmen diese Energie wahr und wenden sich verstärkt an Frauen, die sich gerade in der Phase des Eisprungs befinden, um sich Ermunterung und Unterstützung bei ihnen zu holen.

Die *Zauberin-Phase* umfasst den Zeitraum zwischen Eisprung und Blutung. In dieser Phase werden sich Frauen verstärkt der ihnen innewohnenden Kräfte, ihrer magischen Fähigkeiten bewusst. Das Interesse an psychologischen und spirituellen Bereichen nimmt zu. Frauen werden intuitiver und wollen nach innen schauen, das eigene Leben reflektieren. Gegen Ende dieser Phase verändert sich die Wahrnehmung.

Das können Sie tun:

Vielleicht sind Sie jetzt ja ein bisschen neugierig geworden und haben Lust, sich einmal genauer anzuschauen, wie sich die einzelnen Zyklusphasen bei Ihnen anfühlen. Dann können Sie den Zeitpunkt Ihrer Menstruation, Ihre jeweilige Stimmungslage und Befindlichkeit innerhalb eines Monats in Ihr Tagebuch eintragen. Bleiben Sie aber über einen längeren Zeitraum hinweg dabei, um ein möglichst klares Bild zu bekommen. Dann werden Sie wahrscheinlich erkennen, dass sich die Zyklusphasen auch bei Ihnen deutlicher bemerkbar machen, als Sie bislang gedacht hatten.

Frauen fühlen sich dann oft wie zwischen zwei Welten – zwischen einer sichtbaren und einer unsichtbaren Welt.

Die *Phase der weisen Alten* entspricht der Zeit der Menstruation und stellt eine Vertiefung der Zauberin-Phase dar. Frauen können weit in ihre Tiefe, bis zu ihrem Grund vordringen; sie öffnen sich ihren Urinstinkten. Es ist die Zeit des Rückzugs, der Stärkung der Intuition, des Schlafens und Träumens, der Magie und Spiritualität – die Zeit, den ewigen Kreislauf von Leben und Tod zu akzeptieren. Es geht um das Sterben von Altem, damit in der Jungfrau-Phase wieder die Erneuerung stattfinden kann.

Diese vier Phasen gehen fließend ineinander über; all diese Energien sind immer vorhanden. Wenn eine Frau den Aspekt der weisen Alten verkörpert, ruht der Keim der Jungfrau bereits in ihr. Bestimmte Energien kommen zu bestimmten Zeiten eben stärker zum Tragen, im Verborgenen sind jedoch alle immer da.

Frauen können aber auch einen bestimmten Aspekt, zum Beispiel die Jungfrau-Phase, herausgreifen und den ganzen Monat über beibehalten. Eine Karrierefrau, die immer ehrgeizig und jeden Tag gleich tüchtig ist, unterdrückt nach der Theorie von Gray jedoch ihre anderen Energieaspekte und kann sich so auf lange Sicht selbst schaden. Daher hält sie ein ausgewogenes Verhältnis dieser Energien für wichtig, um zu einer inneren Harmonie zu finden.

Die Kraft der Rituale

Rituale dienen seit Urzeiten dazu, Menschen in bestimmten kritischen Lebensphasen einen Halt und einen Rahmen zu geben. Rituale können uns helfen, unseren Monatszyklus, aber auch die verschiedenen Phasen im Leben einer Frau ganz bewusst zu durchleben. Viele traditionelle Gesellschaften, die nach wie vor in enger Verbindung mit der Natur stehen, setzen diese Rituale auch heute noch zum Wohl der Gemeinschaft ein. In den Industrieländern sind sie inzwischen jedoch häufig in Vergessenheit geraten.

Gesellschaften, die noch immer solche Rituale durchführen, wissen, dass jeder Zyklus für eine ganz bestimmte Zeit und Entwicklung steht. Sie wissen auch, dass ein Mensch umso mehr im Einklang mit der Natur und mit sich selbst lebt, je bewusster er mit diesen Phasen und Zyklen umgeht. So haben diese Gemeinschaften für unterschiedliche Lebenszyklen und -übergänge entsprechende Rituale entwickelt. Aber auch kürzere Zyklen wie zum Beispiel die Menstruation sind dort in Rituale eingebettet: Sie helfen den Frauen, diesen Zyklus bewusst zu nutzen, um möglichst viel Kraft daraus zu schöpfen.

Bei Naturvölkern haben Rituale eine große Bedeutung für den ganzen Stamm. Sie spielen für die Fruchtbarkeit und das gesamte soziale, religiöse und wirtschaftliche Leben der Gemeinschaft eine wichtige Rolle. So wird zum Beispiel bei den Yurok, einem Indianerstamm in Kalifornien, die Menstruation als die Zeit der größten Kraft der Frau betrachtet. Daher sollte sie in diesen Tagen nicht mit Alltagspflichten oder gesellschaftlichen Aufgaben belangt werden und damit ihre Kraft sozusagen »verschwenden«. Ihre ganze Energie gilt dann der konzentrierten Meditation über die Rhythmen der Natur, den Sinn des Lebens und der spirituellen Entwicklung. Was dabei im Einzelnen vor sich geht, ist leider noch nicht bekannt, da bisher nur die Männer dieses Stammes, nicht aber die Frauen selbst dazu befragt worden sind.

Auch in unserem Kulturkreis haben immer mehr Menschen Sehnsucht nach Ritualen, was das zunehmende Interesse an diesem Thema deutlich zeigt. Alte Rituale werden wiederentdeckt und neue entwickelt – darunter auch viele, die gerade Frauen darin unterstützen sollen, zu ihrem tiefsten Kern, zu ihrer ursprünglichen Kraft vorzudringen.

Rituale haben immer etwas Sakrales und unterscheiden sich unter anderem durch einen Ablauf, bei dem ganz bewusst ein Anfang und ein Ende gesetzt wird, von profanen Handlungen. In welcher Form Sie diese »Zeichen« setzen wollen, wenn Sie selbst ein Ritual entwickeln, bleibt ganz Ihrer Fantasie und Intuition überlassen.

Vielleicht möchten Sie ja auch die Göttin, die Ihnen bei der Übung am Anfang dieses Buches begegnet ist, oder Ihre innere Ratgeberin um einen persönlichen, ganz auf Sie abgestimmten Ritualablauf bzw. Rahmen bitten. Folgen Sie Ihrer inneren Stimme – alles ist erlaubt, solange Sie damit keinem anderen Wesen Schaden zufügen.

Mit einigen Ritualen wollen wir uns jetzt etwas näher befassen: Sie alle können Ihnen dabei helfen, die verschiedenen Phasen des Frauseins bewusst zu durchlaufen, sie entsprechend zu würdigen und natürlich auch zu feiern. Greifen Sie aus den folgenden Anregungen einfach das heraus, was Ihrer persönlichen Lebenssituation entspricht und Ihnen am besten gefällt.

Der Übergang vom Mädchen zur Frau

Die erste Blutung eines Mädchens wird in vielen Stammesgesellschaften als großes Ritual ganz besonders gefeiert. Meist verbringen die Mädchen einige Zeit in einer bestimmten Hütte, wo sie von einer erfahrenen Frau in die »weiblichen Geheimnisse« eingeweiht werden. In dieser Zeit wird oft viel getanzt; außerdem werden die Mädchen zum Beispiel rot bemalt, mit weiblichen Symbolen geschmückt oder dürfen ihr Haar jetzt anders tragen. So wird die innere Veränderung auch äußerlich, also am Körper, sichtbar gemacht.

Oft unterziehen sich die Mädchen in dieser Zeit körperlichen und spirituellen Reinigungsritualen wie zum Beispiel rituellen Bädern. Nach dieser Phase der Einkehr wird für sie dann zumeist ein großes Fest veranstaltet. Dabei werden sie nach vollzogener Verwandlung mit ihrem neuen Status – dem Status der Frau – wieder in die Gemeinschaft aufgenommen. Solche Initiationsrituale machen also öffentlich sichtbar, dass ein Mädchen nun zur Frau wird. Das Mädchen wird durch diese Zeremonie in seiner Weiblichkeit bestärkt und in den Kreis der Frauen aufgenommen.

Es gibt allerdings leider auch sehr grausame Rituale wie etwa die Beschneidung, auf die ich hier aber nicht näher eingehen möchte. Doch in diesem Bereich scheint sich in den letzten Jahren erfreulicherweise eine Veränderung abzuzeichnen: Auch betroffene Frauen beginnen diese »Un-Sitte« immer mehr zu hinterfragen und setzen sich entschlossen und kraftvoll für ihre Leidensgenossinnen ein. Der enorme Erfolg eines Buches wie *Die Wüstenblume* von Waris Dirie, das dieses Thema aufgreift, spricht ja wohl für sich.

Moderne Initiationsrituale

Altüberlieferte Rituale für den Übergang eines Mädchens zur Frau können Frauen von heute dazu anregen, zum Beispiel der Menarche, also der ersten Blutung ihrer Töchter, ebenfalls

Das können Sie tun:

Wenn Ihre Tochter Lust auf ein solches Initiationsritual hat, dann möchten Sie vielleicht ein Fest für sie ausrichten, zu dem Sie alle weiblichen Verwandten und Freundinnen einladen. Feiern Sie alle zusammen und heißen Sie Ihre Tochter im Kreis der Frauen willkommen.

einen feierlichen Rahmen zu geben. Dazu können wir eigene Rituale kreieren, die dem Lebensgefühl des Mädchens entsprechen und ihm so eine positive Einstellung zur eigenen Weiblichkeit und ein stolzes Gefühl von Frausein vermitteln können.

Ob und wie Sie ein Initiationsritual mit Ihrer Tochter durchführen können, hängt zum einen von Ihrer Beziehung zu Ihrer Tochter ab. Vor allem sollte Ihre Tochter Lust auf so ein Fest haben. Es gibt Mädchen, die an solchen Ritualen einen Riesenspaß haben, andere dagegen finden so etwas eher lächerlich oder sogar peinlich und möchten damit nichts zu tun haben. Diese Entscheidung sollten Sie auf jeden Fall Ihrer Tochter überlassen. Am besten sprechen Sie schon vor der ersten Blutung einmal mit ihr über dieses Thema.

Willkommen im Kreis der Frauen

Die Menarche kann zum Beispiel mit einem »roten Fest« gefeiert werden. Alle Speisen und Getränke, die Sie Ihren Gästen anbieten, sollten dann rot sein: etwa ein Nudelgericht mit

Tomatensoße und zum Nachtisch rote Grütze, Himbeerkuchen oder Erdbeereis. Sie können auch mit roter Lebensmittelfarbe nachhelfen – der Fantasie sind hier keine Grenzen gesetzt. Vielleicht möchte dann noch jede Frau Ihrer Tochter eine rote Rose als Symbol für das weibliche Geschlecht überreichen.

Sie können Ihrer Tochter auf diesem Fest eine schöne Kette mit einem Heilstein oder einen Ring mit einem Karneol, einem roten Rubin, einem Granat oder einfach nur einen schönen Kieselstein schenken, der für Weiblichkeit steht und die Kräfte der Frauen fördert. Diesen Stein kann Ihre Tochter dann als Symbol bei sich tragen in dem Wissen, dass sie daraus die Kraft der Frauen schöpfen kann. Feiern Sie diesen Lebensabschnitt mit Ihrer Tochter, aber machen Sie auch für sich selbst ein Fest daraus.

Überlegen Sie zusammen mit Ihrer Tochter, wie Sie die Menarche am besten feiern könnten. Vielleicht wollen Sie beide ja lieber einfach nur einen schönen Tag miteinander verbringen oder zusammen eine Reise machen. Womöglich fällt Ihnen auch noch etwas ganz anderes ein – dann tun Sie es!

Der Abschied vom Kind

Auch für Sie als Mutter kann ein Ritual zu diesem Zeitpunkt sehr hilfreich sein. Denn schließlich beginnt hier nicht nur für Ihre Tochter, sondern auch für Sie ein ganz neuer Lebensabschnitt. Ihr Kind wird langsam erwachsen: Das Mädchen an Ihrer Seite wächst nun allmählich zu einer eigenständigen Frau heran. Versuchen Sie diese Entwicklung zu akzeptieren und Ihre Tochter auch loszulassen. Das ist sicher eine der schwersten Aufgaben, die wir zu bewältigen haben: ein Kind loszulassen, seine Eigenständigkeit und sein Erwachsenwerden zu akzeptieren und nicht mehr nur »unser Kind« in ihm zu sehen.

Wenn Ihre Tochter bereit ist, ein Ritual mit Ihnen durchzuführen, könnten Sie ihr zum Beispiel symbolisch die Eigenverantwortung für ihr Leben übergeben. Auch hier können Sie ihr ein Geschenk machen: Es sollte möglichst die Eigenverantwortung einer geschlechtsreifen Frau symbolisieren, ihrer Tochter aber trotzdem das Gefühl vermitteln, dass Sie als Mutter weiterhin für sie da sind.

Vor allem können Sie sich an diesem Punkt aber auch einmal selbst auf die Schulter klopfen und sich mit einem Geschenk belohnen. Denn schließlich haben Sie Ihre Tochter ja bis an diesen Punkt begleitet! Verwöhnen Sie sich und schenken Sie sich etwas richtig Schönes.

Dann sollten Sie vielleicht auch noch ganz für sich allein ein Ritual durchführen, in dem Sie Ihre Tochter als Kind loslassen. Bitten Sie doch Ihre innere Stimme oder Ihre Intuition um Hilfe: Vielleicht zeigt sie Ihnen dann durch eine Eingebung oder im Traum, wie das am besten aussehen könnte.

Eine Möglichkeit wäre, dass Sie zwei Kreise zeichnen. Stellen Sie sich vor, dass Sie beide bisher gemeinsam in einem Kreis gesessen haben. Nun geleiten Sie Ihre Tochter symbolisch in ihren eigenen, den zweiten Kreis hinüber.

Lassen Sie Ihre Tochter jetzt los. Auch wenn es schmerzlich für Sie ist, wird sie sich doch vielleicht schon bald in einen Jungen oder in ein Mädchen verlieben und ihren eigenen Weg gehen. Halten Sie sie nicht fest, sondern lassen Sie sie mit dem Gefühl ziehen, dass Sie immer für sie da sein werden. Wenn Ihnen bei dieser Vorstellung die Tränen kommen, dann weinen Sie. Denn Abschied tut immer weh. Schämen Sie sich nicht, sondern seien Sie sich dieser Situation einfach bewusst. Und freuen Sie sich für Ihre Tochter auf den neuen Lebensabschnitt – und für sich selbst auch!

Rituale für die Menstruation

Immer mehr Frauen beginnen auch in unserer Gesellschaft, ihren Zyklus bewusster wahrzunehmen und Kraft daraus zu schöpfen. Sie entdecken die positiven Aspekte der Blutung als eine Zeit des Fließenlassens, des Rückzugs, der Träume, der Wärme, der Lust, der Erdung und der Macht. So entstehen kleine Inseln eines neuen, selbstbewussten Verständnisses von Menstruation. Frauen nehmen sich den Raum, den sie dafür brauchen, und beginnen, ihre Menstruation zu würdigen und zu feiern. Sie gehen immer kreativer damit um und entwickeln ihre eigenen Rituale.

Rituale können ganz kurz und einfach sein: Eine kleine rituelle Handlung bewirkt schon etwas. Sie kann zum Beispiel darin bestehen, dass Sie sich kurz Zeit nehmen, wenn die Blutung einsetzt, und sie willkommen heißen. Damit schenken Sie Ihrer Monatsblutung Ihre Aufmerksamkeit, nehmen Sie bewusst wahr und zeigen, dass Sie sie schätzen. Ihrer Menstruation Ihre Aufmerksamkeit zu schenken heißt zugleich, sich selbst und Ihre Weiblichkeit zu schätzen und zu würdigen. Es ist Ihre Zeit – es sind »Ihre Tage«.

Wo soll eine Frau, die den ganzen Monat über ständig eingespannt ist – beruflich wie familiär –, nun aber plötzlich die Zeit hernehmen, sich auch noch mit ihrer Menstruation zu beschäftigen? Gehen Sie es ganz langsam an. Wenn es Ihre berufliche Situation erlaubt, können Sie Ihre Arbeit und Ihre Termine so einteilen, dass Sie rund um die Menstruation möglichst wenig Stress haben. Das schaffen Sie mit der Zeit schon. Je wichtiger Ihnen Ihre Zeit, Ihre Tage werden, desto leichter wird es ihnen fallen, Termine anders zu planen oder auch einmal etwas abzusagen oder zu verschieben. Bewusst loszulassen bedeutet auch, vom normalen Tagesablauf loszulassen und sich selbst Zeit zu schenken. Für den Anfang genügt vielleicht schon eine Stunde im Monat.

Schaffen Sie sich einen Rahmen – das ist ein wichtiger Schritt. Gestalten Sie den Raum, in dem Sie sich aufhalten, etwas anders als sonst. Besorgen Sie sich Blumen, zünden Sie eine Kerze, Räucherwerk oder eine Duftlampe an, legen Sie Musik auf. Holen Sie Gegenstände hervor, die Ihnen wichtig sind, Ihnen Kraft und Schutz geben. Das kann ein Stein sein, ein alter Teddybär, ein Foto von einem geliebten Menschen oder etwas ganz anderes. Dieser Rahmen schafft eine Atmosphäre, in der Sie sich wohl fühlen und fallen lassen können. Setzen Sie sich dann einfach hin und machen Sie gar nichts. Wie Sie diese Stunde die nächsten Male gestalten werden, ergibt sich ganz von selbst. Ihnen wird genau das einfallen, was ansteht, was Sie gerade brauchen. Hier ein kleines Beispiel dafür, wie Sie diese Zeit nutzen können:

Das können Sie tun:

Werden Sie einfach ganz still und genießen Sie diese Stimmung. Spüren Sie Ihren Körper, legen Sie die Hände auf den Bauch und atmen Sie tief ein und aus. Fühlen Sie, wie Ihr Bauch sich weitet und wieder flacher wird. Das hilft Ihnen, zur Ruhe zu kommen. Nehmen Sie bewusst wahr, was sich im Bauch gerade abspielt? Was braucht Ihr Bauch jetzt? Sie können ihn ja fragen und die Antwort erspüren. Fühlen Sie Ihren Atem, die Stille, die Fülle und die Leere. Vielleicht empfinden Sie anfangs gar nichts, oder es ist nur ein Durcheinander an Gedanken da. Dann können Sie beginnen, die Gedanken aufzuschreiben oder zu malen, was Ihnen gerade durch den Kopf geht. Damit lassen Sie Ihre Gedanken los. In dem Durcheinander wird irgendwann eine Ordnung erkennbar. Ihnen wird klarer, was Sie brauchen, was Ihnen gut tut und hilft. Sie werden spüren, ob Sie jetzt ein Ritual durchführen wollen oder nicht. Auch das ist ein Entwicklungsprozess. Wenn Sie sich darauf einlassen, kann vieles entstehen. Dass Sie nicht wissen, wohin das Ganze führt, ist gerade das Spannende daran.

Beginnen Sie dann, wenn Sie Lust dazu haben, ganz für sich allein mit einem kleinen Ritual. Wenn Sie es richtig genießen können, wird es Ihnen immer wichtiger werden, und Sie werden sich mehr Zeit für sich nehmen.

Irgendwann fühlen Sie sich dann sicher genug, auch nahe stehenden Menschen mitzuteilen, wo Sie gerade stehen, was Sie machen und was Sie von ihnen brauchen. Sie können sich zum Beispiel wünschen, dass Ihre Familie Sie ein paar Stunden in Ruhe lässt oder dass Ihr Partner Sie massiert. Wenn Sie die nötige innere Sicherheit gewonnen haben, werden Sie Ihre Wünsche auch klar aussprechen und dazu stehen können. Es wird Ihnen nicht mehr komisch vorkommen oder peinlich sein, andere an Ihrem Innenleben teilhaben zu lassen.

Vielleicht kommt auch das Bedürfnis auf, sich mit anderen Frauen auszutauschen. Möglicherweise können Sie dann gemeinsam ein Ritual kreieren oder es sich einfach miteinander gut gehen lassen. Das kann Sie stärken und inspirieren.

Reinigungs- und Erneuerungsrituale

Jeden Monat werden während der Menstruation alte Schlacken abgestoßen, ohne dass Sie etwas dafür tun müssen. Jeden Monat wird Ihrem Körper das Privileg einer Reinigung zuteil, was Sie unter anderem auch vor Krankheiten schützt. So findet an sich schon jeden Monat ein körperliches Reinigungsritual statt!

Altes stirbt ab und Neues entsteht. Die Menstruation gibt uns Frauen jeden Monat die Möglichkeit, uns für etwas Neues, für eine Veränderung zu öffnen. Mit dem Wissen, dass Sie Monat für Monat aufs Neue die Chance haben, Altes gehen zu lassen und sich wieder ganz frisch und jungfräulich etwas

Neuem zuzuwenden, tun sich unendlich viele Möglichkeiten auf, Ihr Leben konstruktiv zu gestalten. Folgende Vorschläge sollen Ihnen Wege aufzeigen, wie Sie Ihren Zyklus nutzen können, um einen solchen Ablösungs- und Erneuerungsprozess in Gang zu setzen.

Vielleicht verspüren Sie aber auch das Bedürfnis, statt einer Gewohnheit eine Eigenschaft, wegen der Sie sich selbst immer wieder verurteilen, zu verändern. Wenn Sie dazu neigen, oft ja zu sagen, wenn Sie eigentlich Nein sagen möchten, könnte der Satz, den sie sich täglich einprägen wollen, etwa lauten: »Ich will auch Nein sagen, wenn ich Nein meine!« Natürlich kann es auch ein ganz anderer Satz sein. Bleiben wir jedoch bei unserem Beispiel. Schreiben Sie diesen Satz – und nur diesen Satz – auf die linke Seite Ihres Tagebuchs und vielleicht sogar noch auf ein paar kleine Zettel, die Sie an Orten deponieren, an denen Sie sich häufig aufhalten. Rufen Sie sich diesen »Vor-Satz« immer wieder in Erinnerung.

So profan und einfach es jetzt auch klingen mag: Sich von einer lästigen Gewohnheit oder Verhaltensweise zu lösen kann doch recht schwierig werden. Es kann Ihnen passieren, dass Sie einen Vorsatz über einen längeren Zeitraum hinweg immer wieder neu festlegen müssen, weil Sie »rückfällig« geworden sind. Bleiben Sie trotzdem am Ball. Ändern Sie lieber eine Sache wirklich von Grund auf, als zehn Dinge nur oberflächlich anzugehen.

Natürlich sollte dem, was Sie aufgeben möchten, auch etwas Positives gegenüberstehen. Also schreiben Sie auf die rechte Seite Ihres Tagebuchs jetzt einen Punkt, den Sie gern

Das können Sie tun:

Nehmen Sie Ihr Tagebuch zur Hand und schreiben Sie auf die linke Seite einen Punkt, den Sie verändern wollen, weil er Sie stört – die dazugehörige rechte Seite lassen Sie frei. Das kann eine lästige Gewohnheit sein wie zum Beispiel das Rauchen. Vielleicht wollen Sie ja damit aufhören, dann schreiben Sie also: »Ich will mit dem Rauchen aufhören.« Nehmen Sie sich jetzt als Projekt für einen Monat vor, mit dem Rauchen aufzuhören. Beginnen Sie am ersten Tag Ihrer Periode damit, Ihr Vorhaben in die Praxis umzusetzen. Nehmen Sie sich nur dieses *eine* Projekt vor, denn vieles andere ergibt sich dann von selbst: eine Umstellung der Ernährung, das Bedürfnis, sich mehr zu bewegen, Sport zu treiben usw.

in Ihrem Leben verwirklichen möchten, wie zum Beispiel »Entspannung«. Übungen und Wege dazu sind in diesem Buch ja genügend aufgeführt. Und wenn es nur zehn Minuten am Tag sind: Versuchen Sie, diesen positiven Aspekt regelmäßig in Ihr Leben zu integrieren. Vielleicht möchten Sie aber auch etwas ganz anderes, wie zum Beispiel öfter ins Kino gehen oder einfach Ihre beste Freundin treffen oder was auch immer. Setzen Sie sich jeden Monat aufs Neue hin und wählen Sie ganz spontan einen positiven Aspekt aus, den Sie in Ihrem Leben stärker verwirklichen möchten – auch wenn es Ihnen im ersten Moment lächerlich, kindisch oder uner-

Gut zu wissen

Die Zeit der Menstruation ist eine Zeit der Wandlung. Die Gebärmutter füllt sich mit Blut und lässt jetzt alles los. Dann baut sie die Schleimhaut erneut auf und lässt sie wieder los – ein immer wiederkehrender Kreislauf.

reichbar vorkommt. Wünsche – negative sowie positive – haben eine größere Kraft, als uns normalerweise bewusst ist.

Alles, was Ihnen nicht mehr gut tut, können Sie Monat für Monat mit dem Blut loslassen: Stress, Unruhe, aber auch Eigenschaften, Einstellungen oder alte Muster, die Sie ablegen möchten. Was Sie abschließen wollen, was Sie belastet, können Sie ebenfalls ganz bewusst mit dem Blut davonfließen lassen. Sie können auch auf einen Zettel schreiben, was Sie gern loswerden wollen, und ihn dann im Rahmen eines kleinen Rituals verbrennen, vergraben oder einfach zerreißen.

Der Wunsch, Überflüssiges abzustoßen und zum wahren Kern durchzudringen, wird bei vielen Frauen in der Zeit der Menstruation spürbar. Es gibt Frauen, die vor der Menstruation anfangen, die ganze Wohnung zu putzen. Auch darin kann das Bedürfnis zum Ausdruck kommen, Altes und Unerwünschtes aus dem Leben hinauszubefördern. Vielleicht besteht hier sogar ein Zusammenhang zum traditionellen Oster- oder Weihnachtsputz, der früher zur Vorbereitung auf ein »heiliges Fest« durchgeführt wurde – schließlich war die Menstruation ursprünglich ja auch ein »heiliges Ereignis«.

Wenn die Wohnung aufgeräumt ist, wenn Frauen sich in ihrer Umgebung wohl und geborgen fühlen, können sie ihrer ganz besonderen Sensibilität Raum geben. Denn während »ihrer Tage« spüren viele Frauen deutlicher als sonst, was ihnen wirklich gut tut und was nicht. Die Menstruation bietet Ihnen also immer wieder die Gelegenheit, sich Ihre Beziehungen und die Menschen, die Sie umgeben, ein bisschen genauer anzuschauen, sich zu fragen, wer was von Ihnen will und ob das auch stimmig für Sie ist.

Nutzen Sie diese Chance! Räumen Sie auf mit dem, was nicht mehr stimmt. Malen Sie sich aus, was Sie sich für die Zukunft wünschen. Wenn Sie Lust dazu haben, können Sie all das, was Sie sich für den nächsten Monat wünschen, auch aufschreiben oder ein Bild dazu malen. Bewahren Sie Ihr »Zukunftsbild« dann an einer für Sie besonders wichtigen Stelle auf.

Tun Sie in dieser Zeit auch Ihrem Körper etwas Gutes. Helfen Sie mit, dass er ebenfalls leichter loslassen kann. Körperliche Reinigungsrituale können in Form von Bädern, Massagen, Sauna, Tanzen, Wandern, Entschlacken oder Fasten durchgeführt werden. Saunabesuche und heiße Bäder würde ich Ihnen allerdings erst gegen Ende der Blutung empfehlen, da sie doch den Kreislauf belasten können.

Übung zur inneren Reinigung

Vielleicht löst die Menstruation bei Ihnen ja auf der mentalen Ebene manchmal ein Gefühl von »Scham« und »Schmutz« aus – ein Empfinden, das leider auch heute noch manchen

Frauen zu schaffen macht. Vielleicht gehören Sie aber auch zu den Frauen, die vor dem Einsetzen der Periode oft der Heißhunger auf Süßigkeiten packt und die sich – nachdem Sie die eine oder andere Tafel Schokolade verputzt haben – auf der körperlichen Ebene unwohl und schmutzig fühlen. Oder Sie möchten einfach Wege finden, alte Schlacken und aufgestaute Spannungen loszuwerden. Dann probieren Sie einmal diese Übung aus; danach werden Sie sich innerlich gereinigt und wieder wohl fühlen. Wichtig dabei ist, dass Sie bei Körperpartien, die doppelt vorhanden sind – also zum Beispiel Nieren, Arme, Beine und Augen –, immer beide Partien reinigen, damit ein Ausgleich gegeben ist.

Legen Sie sich jetzt entspannt auf den Rücken, vielleicht mit einem Kissen unter dem Kopf und einer Rolle unter den Knien. Bei jedem Ausatmen geben Sie Gewicht an den Boden ab, so dass er sie tragen kann.

Stellen Sie sich nun Ihre Gebärmutter als einen leeren Raum vor. Beim Einatmen füllt sich dieser Raum mit frischem Quellwasser, wird durchgespült und gereinigt. Bleiben Sie einige Atemzüge lang bei diesem Bild, und stellen Sie sich immer wieder vor, wie frisches, klares Quellwasser alle alten Schlacken aus Ihrem Körper herausspült.

Dann können Sie diese Übung mit Ihren Eierstöcken, Ihrem Busen oder auch mit jedem anderen Körperbereich durchführen. Versuchen Sie, einfach einmal in Ihren Körper hineinzuspüren: Welcher Bereich fühlt sich dunkel, trüb oder unrein an? Dann lassen Sie frisches Quellwasser in die entsprechende Region hineinfließen.

Menstruierenden Frauen werden seit jeher besondere spirituelle und magische Fähigkeiten nachgesagt. Frauen haben in dieser Zeit einen vertieften Zugang zu spirituellen Ebenen und transzendenten Kräften. Rund um die Menstruation kommt es oft zu besonders intensiven spirituellen, aber auch ganz realitätsbezogenen Erkenntnissen. Das hat viel mit der inneren Veränderung in dieser Zeit zu tun: Intuitive Fähigkeiten sind stärker ausgeprägt, Frauen können Zugang zu einem inneren Wissen finden, das einer universellen Intelligenz entspringt. Dabei kann es um altes Wissen aus der Vergangenheit, um Erkenntnisse für die Gegenwart oder Ahnungen für die Zukunft gehen. Die Durchlässigkeit der eigenen Grenzen kann zu einer teilweisen Aufhebung der Trennung zwischen Mensch und Kosmos führen und ein enormes Kraftfeld schaffen. Achten Sie einmal auf Ihre Wahrnehmung in der Zeit der Blutung – fällt Ihnen ein Unterschied auf?

Das können Sie tun:

Sie können diese andere, also die innere oder »magische« Wahrnehmung trainieren, indem Sie Ihre Sinne schärfen, Ihrer Intuition vertrauen und sich spirituellen Erfahrungen öffnen. Das gelingt Ihnen in der Zeit rund um die Blutung oft besonders gut, da hier Ihre Grenzen dann ohnehin durchlässiger sind.

Während der Menstruation kann es also zu einer anderen Form von Wahrnehmung oder »Kommunikation« kommen – hier ist Magie mit im Spiel. Denn Magie kann u. a. als Kommunikation mit allen Wesen und Energien betrachtet werden.[2] Magische Kraft könnte man auch als die Kunst bezeichnen, die unsichtbar durch die Welt strömenden Kräfte wahrzunehmen und zu gestalten.

Der Körper der Frau ist – wie auch die Erde selbst – aus sich heraus fruchtbar. Beide sind Trägerinnen geheimnisvoller magischer Kräfte, zu denen eine Frau durch ihre Verbindung zur inneren und äußeren Natur Zugang finden kann.

Übung zur inneren Wahrnehmung

Gehen Sie hinaus in die Natur und suchen Sie einen Platz, an dem Sie sich besonders wohl fühlen. Dort setzen Sie sich hin und warten, bis Sie ganz ruhig werden. Dann wählen Sie sich einen Baum, eine Blume, einen Stein oder sonst etwas aus, das Sie besonders anspricht. Diesen Gegenstand schauen Sie einfach nur an.

Was will er Ihnen über sich sagen? Betrachten Sie die Farben und die Formen, versuchen Sie genau hinzuhören und vielleicht auch etwas zu riechen. Verbünden Sie sich ganz mit dem Wesen dieses Gegenstands und seien Sie offen. Sagen Sie ihm, was Sie empfinden, was Ihnen spontan dazu einfällt, und fragen Sie, was er Ihnen sagen will.

Dann sind Sie wieder ganz still. Jetzt werden Botschaften in Ihrem Inneren auftauchen, die dieses Wesen in der Natur für Sie bereithält: zum Beispiel bestimmte Eigenschaften, die

Gut zu wissen

Magische Rituale sind symbolische Handlungen, durch die die Trennung zwischen Mensch und anderen Wesen, Dingen und Kräften aufgehoben wird – der Mensch kann sich als Kraftfeld inmitten der kosmischen Kräfte erleben. Dabei werden sehr tiefe Bewusstseinsschichten angesprochen.

Sie besonders ansprechen und die hilfreich für Sie sein können. Vielleicht ist es die Kraft einer Eiche, die Ruhe, die ein alter Stein ausstrahlt oder auch die Schönheit einer Blüte. Nehmen Sie eine Eigenschaft, die Sie besonders nötig brauchen, ganz in sich auf. Und vergessen Sie nicht, sich dafür zu bedanken, bevor Sie wieder in die Alltagswelt zurückkehren.

Da Sie mit einem Ritual die Grenzen zwischen der Alltagswelt und anderen Ebenen überschreiten bzw. aufheben, ist es – wie schon gesagt – sehr wichtig, den Rahmen klar abzustecken. Setzen Sie also immer deutlich Ihre Markierungen oder Zeichen für Anfang und Ende eines Rituals und achten Sie darauf, danach wieder ganz auf die Alltagsebene zurückzukehren. Nur so können Sie ohne Gefahr »zwischen den Welten« wandeln, sich mit allem verbinden und austauschen.

Gestaltung eines Wunschrituals

Wählen Sie einen Gegenstand als Symbol für Ihren Wunsch aus und legen Sie ihn vor sich hin. Dann schauen Sie diesen

Das können Sie tun:

Ein magisches Ritual können Sie zum Beispiel für die Erfüllung eines Wunsches durchführen. Wenn Sie um etwas bitten, können Sie das, was Sie sich wünschen, während des Rituals mit Hilfe bestimmter Gegenstände symbolisch darstellen. Je klarer ein Wunsch oder eine Vision ist, je überzeugter Sie davon sind, desto höher ist die Wahrscheinlichkeit der Erfüllung. Wenn Sie es selbst einmal ausprobieren möchten, können Sie aus der folgenden Übung Ihr ganz persönliches Wunschritual machen.

Gegenstand lange an und lassen dabei alle Impulse, Gedanken und Assoziationen zu, die in Ihnen aufsteigen. Wie auch bei Träumen werden Sie mit der Zeit lernen, die Zeichen und Bilder, die in Ihnen auftauchen, zu deuten.

Um Ihrem Wunsch noch mehr Nachdruck zu verleihen, können Sie Ihr Wunschsymbol an einem für Sie bedeutungsvollen Platz aufbewahren und täglich ein Weilchen betrachten. Dabei malen Sie sich in den buntesten Farben aus, wie Ihr Leben nach der Erfüllung dieses Wunsches aussieht. Gehen Sie ganz in diesem Bild auf – so kann Ihr Wunsch Wirklichkeit werden.

Gestaltung eines Anrufungsrituals

Die Zeit der Blutung eignet sich auch besonders gut dazu, eine innere Beraterin, Göttin oder Ahnin herbeizurufen. Da die

Grenzen zwischen den Welten dann durchlässiger sind, fällt es uns leichter, mit anderen Ebenen in Kontakt zu kommen.

Suchen Sie einen sicheren Platz auf und machen Sie sich bewusst, dass Sie wie alle Wesen eingebettet sind in Natur und Kosmos. Dann rufen Sie eine Göttin, Ihre innere Beraterin oder eine Ihnen vertraute, bereits verstorbene Frau herbei. Das kann zum Beispiel Ihre Großmutter, aber auch eine andere ehemalige Bezugsperson sein, die Sie geliebt haben. Wer auch immer es ist: Sie können sie bitten, Ihnen bei einem ganz bestimmten Problem zu helfen; Sie können sie aber auch bitten, Sie durch das ganze Leben zu begleiten, zu behüten und Ihnen mit ihrem Rat zur Seite zu stehen.

Dieser Kontakt kann Ihnen das Gefühl vermitteln, eingebunden zu sein in ein Werden und Vergehen, in eine Tradition und Kette von Frauen vergangener Zeiten. Pflegen Sie diesen Kontakt, so oft Sie das Bedürfnis danach haben, und bedanken und verabschieden Sie sich jedes Mal, nachdem Sie Ihr Zwiegespräch beendet haben. Dann machen Sie sich bewusst, dass Sie jetzt wieder ganz in den Alltag zurückgekehrt sind.

Rituale mit Blut

Unmittelbaren Kontakt zu Ihrem Menstruationsblut können Sie über Rituale mit dem Blut aufnehmen. Wenn Sie ganz direkt damit in Berührung kommen, werden sich Ihre Gefühle und Ihre Einstellung dazu verändern. Aus dem eher theoretischen Begriff »Menstruation« wird dann ein persönlich erfahrbarer Teil Ihrer selbst. Sie können es sehen, riechen, spüren und schmecken.

Mit seinem eigenen Menstruationsblut Kontakt aufzunehmen ist eine ganz persönliche und intime Erfahrung, die tiefe Gefühle auslösen kann. Der Prozess der Annäherung an diesen Bereich verläuft wohl bei jeder Frau anders – hier spielt auch der persönliche Erfahrungshintergrund eine große Rolle. Daher möchte ich Ihnen gerade in diesem Kapitel nur Vorschläge machen. Was sich für Sie stimmig anfühlt, können Sie aufgreifen und daraus Ihr ganz persönliches Ritual entwickeln. Lassen Sie Ihrer Intuition und Ihrer Kreativität freien Lauf!

Das Blut kann Ihnen auch helfen, Altes loszulassen, seelische Verletzungen zu heilen und sich zu verwandeln. Stellen Sie sich ganz bewusst eine alte Verletzung vor, von der Sie sich in diesem Moment verabschieden wollen. Versuchen Sie demjenigen, der Ihnen diese Wunde zugefügt hat, von ganzem Herzen zu verzeihen. Verabschieden Sie sich auch von dem Schutzwall, den Sie all die Jahre über beibehalten haben, um diese Wunde ertragen zu können und sich vor neuen Verletzungen zu schützen. Lassen Sie ihn mit dem Blut aus Ihrem Körper herausfließen, damit Ihr Herz wieder erreichbar und berührbar wird: für Sie selbst, für andere Menschen, Wesenheiten und die Große Göttin.

Menstruationsblut ist ein altes Heilmittel. Sie können davon kosten oder es auf Ihre Haut auftragen und sich dabei wünschen, dass es Ihnen dort Heilung bringt, wo Sie es hin-

Das können Sie tun:

Vielleicht möchten Sie ja einmal in der freien Natur Kontakt zu Ihrem Blut aufnehmen. Wenn Sie Lust dazu haben, setzen Sie sich einmal im Wald oder an einem anderen geschützten Platz, an dem niemand Sie beobachten kann, auf den Boden und lassen das Blut einfach aus sich herausrinnen. Was ist das für ein Gefühl?

streichen. Sie können damit auch Bilder malen. Als ich mein erstes Bild mit meinem Blut gemalt habe, war ich ganz aufgeregt – es war mir fast ein bisschen unheimlich.

Das Blut bringt vieles in Bewegung. Wenn Sie es mit allen Sinnen erfassen, setzt es in weit mehr Bereichen etwas in Bewegung als nur im Unterleib. Sie lernen es anzunehmen, als Teil von sich selbst zu betrachten und zu schätzen. Wenn Sie eine positive Beziehung zu Ihrem Blut aufbauen, wird auch der Ekel oder das unangenehme Gefühl, das Sie jetzt vielleicht noch haben, verschwinden. Durch eine verwandelte Beziehung zu Ihrem Blut gewinnen Sie einen machtvollen Teil Ihrer Weiblichkeit zurück.

Sie können sich zum Beispiel ein Amulett mit etwas Menstruationsblut basteln und es immer tragen. Oder Sie legen ein winziges Stückchen Stoff mit getrocknetem Blut in eine kleine Dose, die Sie mitnehmen, wenn Ihnen danach ist. Ein Amulett schützt Sie und gibt Ihnen Kraft – in vielen Sagen und Märchen macht es Menschen sogar unverwundbar.

Menstruationsblut enthält viele Nährstoffe. Manche Frauen benutzen es daher sozusagen als »Dünger« für ihre Blumen. Es heißt, dass selbst armselige Pflanzen dadurch wieder blühen und gedeihen. Wenn Sie Ihr Blut auffangen wollen, eignen sich die sogenannten »Menstruationsschwämmchen« besonders gut. Das sind kleine Naturschwämme, die so ähnlich aussehen wie Badeschwämme. Sie werden wie Tampons eingeführt und haben den Vorteil, dass sich das Blut danach gut ausdrücken lässt. Manche Frauen trocknen Ihre Binden oder Tampons, um das Blut bis zur nächsten Menstruation aufzubewahren – manchmal an ganz bestimmten Stellen, wo sie besonders viel Kraft oder auch Schutz brauchen. Sie haben in ihrer Wohnung einen Kraftort oder Altar eingerichtet, an dem auch Binden oder getrocknetes Blut ihren Platz haben.

Zum Schluss möchte ich hier noch eines der ältesten Rituale mit Blut aufgreifen. Es geht bis auf den vorderasiatischen Fruchtbarkeitskult zurück und wird als »Puppenmagie« bezeichnet. Dieses Ritual wurde von Frauen durchgeführt, deren sehnlichster Wunsch es war, ein Kind zu bekommen. Sie formten aus Lehm einen Säuglingsleib und »salbten« ihn mit ihrem Menstruationsblut, um ihn symbolisch zum Leben zu erwecken. Dieser »blutige«, Leben spendende Lehm wurde als *adamah*, der »weibliche Adam« bezeichnet.[3]

Sollten Sie den sehnlichen Wunsch nach einem Kind verspüren, dann können Sie dieses Ritual durchführen. Aber auch wenn Sie ein bestimmtes Projekt ins Leben rufen möchten, können Sie darauf zurückgreifen, dann jedoch mit einem Gegenstand, der symbolisch dafür stehen soll und den Sie mit Ihrem Menstruationsblut einreiben. Auch hier sollten Sie darauf achten, dass Sie das Ritual wirklich ganz bewusst durchführen. Lassen Sie Ihre Alltagsgeschäfte hinter sich und beginnen Sie mit einer kleinen Meditation, die Sie ganz auf das nachfolgende Ritual einstimmen soll. Setzen Sie Ihren Ausgangspunkt, führen Sie das Ritual durch und schließen Sie es auch ganz bewusst wieder ab.

Rituale für die Wechseljahre

Genauso wie die Menarche einen entscheidenden Übergang im Leben einer Frau anzeigt, verhält es sich auch mit dem Klimakterium, was ja schon an der Bezeichnung »Wechseljahre« deutlich wird. Das Klimakterium kann sich durch Unregelmäßigkeiten im Ablauf der Periode, aber auch durch andere Phänomene wie zum Beispiel Schweißausbrüche oder Niedergeschlagenheit ankündigen und äußern. Sollten Sie gerade vor oder in dieser Lebensphase stehen und bislang noch keine wirkliche Beziehung zu Ihrer Menstruation aufgebaut haben, macht sie Ihnen jetzt noch einmal ein letztes Geschenk.

Am Ende der Wechseljahre werden sich Ihre Energien dann nicht mehr jeden Monat zyklisch verändern, sondern sie können verstärkt in eine Richtung fließen – in die der weisen Frau. Sie werden dann nicht mehr nur einmal im Monat

Gut zu wissen

Eine Frau in den Wechseljahren wird bei vielen Naturvölkern zur weisen Frau, zur Heilerin, die auch die Zukunft voraussehen kann. Sie wird als Lehrmeisterin betrachtet, da sie jetzt immer Zugang zu ihrer Spiritualität finden kann. Eine solche Frau sammelt ihre Kraft in ihrer Mitte, baut nicht mehr vorrangig Häuser im Außen, sondern ihre Innenräume aus, die sie ganz erfüllen und innerlich reich machen.

die Möglichkeit haben, leichter in einen besonders intensiven Kontakt zu Ihrer spirituellen Seite zu kommen, sondern – so glaubt man zumindest bei vielen Naturvölkern – ständig damit in Verbindung stehen.

Trotzdem heißt es in dieser Zeit auch Abschied nehmen – Abschied von der körperlichen Fruchtbarkeit und von der Fähigkeit, Kindern das Leben zu schenken. Das bedeutet aber keineswegs, Abschied vom Frausein, von der Sexualität und vom Leben zu nehmen! Machen Sie sich das immer wieder klar!

Sie können zusammen mit Ihrem Partner oder Ihrer Partnerin ein Ritual feiern. In Ihrer Sexualität wird sich jetzt vielleicht ebenfalls etwas verändern, wandeln. Lassen Sie sich in Ihrer Partnerschaft verwöhnen, neu entdecken. Gehen Sie wieder auf Entdeckungsreise und geben Sie sich der Liebe auf eine neue Weise hin. Und vor allem: Genießen Sie es!

Das können Sie tun:

Um Ihren Übergang in die Phase der weisen Frau bewusst zu erleben und zu würdigen, können Sie ein ganz persönliches Ritual entwickeln. Ob Sie dieses Ritual lieber allein oder im Kreis Ihrer Freundinnen oder Ihrer Familie durchführen wollen, liegt ganz bei Ihnen.

Folgende Aspekte könnten Sie in Ihr Ritual mit einbeziehen: Akzeptieren Sie die Vergänglichkeit des Lebens. Wechsel bedeutet Veränderung. Richten Sie den Blick nach innen, lassen Sie ein Bild in sich aufsteigen, das zeigt, wie Sie sich als ältere Frau sehen, wie und zu wem Sie werden möchten. Malen oder formen Sie dieses Bild oder schaffen Sie ein Symbol dafür. Das wird Ihnen helfen, den Weg dorthin auch zu finden. Lassen Sie bewusst los, was Sie nicht mehr brauchen, was jetzt nicht mehr zu Ihnen gehört – so können Sie sich erneuern, neu werden. Vielleicht möchten Sie ja ein Ritual durchführen, bei dem Sie ganz allein Abschied von Ihrer Menstruation nehmen. Wenn Sie dabei traurig werden, dann öffnen Sie sich für dieses Gefühl, auch das gehört dazu. Tränen wollen fließen – so können sie transformiert werden.

Wenn Ihnen nach feiern zumute ist, dann feiern Sie den Eintritt in die Lebensphase der weisen Frau. Machen Sie ein Fest daraus, denn jetzt wird Ihr Zugang zu Ihrer ureigenen Weisheit, Kraft und Spiritualität immer tiefer werden.

Träume als Mittler zwischen den Welten

Auch Träume können ein Weg sein, auf dem Sie ein Ritual finden können, das genau Ihren ganz persönlichen Bedürfnissen entspricht. Zum einen eröffnet uns ein bewusster Umgang mit Träumen einen wunderbaren Zugang zu Antworten und Hinweisen unseres Höheren Selbst, unserer inneren Stimme. Zum anderen bieten Träume uns auch die Möglichkeit, unbewusste Prozesse, die durch die Menstruation ausgelöst oder verstärkt werden, aufzugreifen und zu verarbeiten.

Bereits in den sechziger Jahren konnte Ernest Hartmann durch Untersuchungen im Bereich der Traumforschung bestätigen, dass Beschwerden und Spannungen vor der Menstruation abnehmen, wenn Frauen in dieser Zeit mehr als sonst schlafen – und folglich auch mehr träumen.[4] Die Dauer der REM-Phasen, das heißt der intensiven Traumphasen, erhöht sich kurz vor der Menstruation. Die Symptome, die sich bei längerem Schlafentzug einstellen, sind den prämenstruellen Beschwerden sehr ähnlich.

Vor der Menstruation besteht also ein erhöhtes Schlafbedürfnis, und die Traumphasen intensivieren sich. Wenn Frauen diesem Bedürfnis nicht nachgeben, nehmen die Beschwerden zu. Hartmann, der als Erster auf diese Zusammenhänge hingewiesen hat, schlug damals vor, zur Behandlung von prämenstruellen Spannungen sozusagen einfach mehr Schlaf zu »verordnen«.

In manchen Stammesgesellschaften spielen Träume auch heute noch eine wichtige Rolle. Speziell den Träumen von

Mädchen, die das erste Mal menstruieren, wird eine große Bedeutung zugeschrieben. Die Mojave-Indianer zum Beispiel betrachten Träume zur Zeit der Menarche noch heute als lebensbestimmend. Alle Einzelheiten werden traditionsgemäß einem erfahrenen älteren Stammesmitglied anvertraut, denn sie sagen viel über die Richtung aus, die das Mädchen in Zukunft einschlagen wird.[5]

Im Judentum galten Träume in Verbindung mit Menarcheriten einst als zentrale Elemente. In vorjüdischer Zeit stand in jedem Dorf eine Hütte für menstruierende Frauen – dorthin zogen sie sich aufgrund der Heiligkeit, die dem Blutungsvorgang zugeschrieben wurde, zurück. Der *Temesos* war der heilige Bezirk der Frauen, in ihm wurde das Blut gehütet und verehrt. Der ganze Stamm wartete auf den Traum eines Mädchens, das bei der ersten Blutung mit vielen Ritualen in diese Hütte geführt wurde. Dieser Traum galt als Orakel für das Leben des Mädchens selbst, aber auch für den ganzen Stamm.

Zyklische Trauminhalte

Im Zyklus der Frau gibt es verschiedene Trauminhalte, die in bestimmten Phasen immer wieder auftauchen. Die beiden Traumforscher Benedek und Rubenstein teilten in den siebziger Jahren das menstruelle Traumerleben in folgende Phasen ein:[6]

In der Zeit *kurz vor dem Eisprung* treten bei vielen Frauen verstärkt sexuelle Träume auf.

Die Träume in der *Zeit des Eisprungs* sind meist entspannend und befriedigend. Häufig tauchen Traumsymbole von Eiern – runde, zerbrechliche oder kostbare Dinge – auf. Aber auch Babys, die Angst vor Babys und Konflikte mit Müttern, Rivalitäten unter Frauen und Neid auf andere Mütter sind ein häufiges Thema.

In der Phase *nach dem Eisprung* sind die Träume eher passiv und empfänglich, oft auch mit Schwangerschaft, Geburt und Stillen verbunden.

In der *prämenstruellen Phase* nehmen die Themen Sexualität, Zorn und Veränderung zu. Die Träume haben oft einen verworrenen, destruktiv-aggressiven Charakter, was in einer Art Höhepunkt von erschreckenden Träumen unmittelbar vor der Blutung gipfeln kann. Dann kann es zum Beispiel zu Verfolgungsjagden, Schießereien und Verletzungen mit massiv blutenden Wunden kommen. Auch Träume von Mord, exzessivem Geschlechtsverkehr oder von der eigenen Geburt können in dieser Zeit auftauchen.

Charakteristisch für prämenstruelle Träume ist nach dieser Auffassung auch das Auftreten des »tröstenden Mannes« oder der »weisen Frau«, dank deren Hilfe sich die Träumerin nicht mehr zu fürchten braucht. Wenn es einer Frau gelingt, die Botschaften ihrer Träume zu entschlüsseln, kann sie in einen inneren Dialog mit diesen »helfenden Gestalten« eintreten und sie immer wieder um Rat fragen. Darauf, wie Sie einen solchen Kontakt aufbauen können, werden wir später noch näher eingehen.

Für Traumerfahrungen während der *Zeit der Blutung* war

in dieser Untersuchung »zu wenig Material« vorhanden. Es ist schon bemerkenswert, dass anscheinend sogar in der Traumforschung zum weiblichen Zyklus die Menstruation ausgeklammert werden kann.

Auch C. G. Jung hat sich sehr ausgiebig mit Träumen und Traumsymbolen beschäftigt. Die Jungsche Psychologie enthält ein System von Symbolen und Bildern, mit deren Hilfe menstruelle Träume stimuliert, interpretiert und ergründet werden können. Jung beschreibt Menstruationsträume als Zyklus der Individuation, der Selbstwerdung. Er sieht darin eine Integration der weiblichen Rhythmen – so lernt eine Frau alles, was es aus der Welt der Mütter zu lernen gibt.[7]

Die unterschiedlichen Trauminhalte in den verschiedenen Zyklusphasen zu beobachten, kann einer Frau ein besseren Zugang zu sich selbst und ihrem Lebensfluss ermöglichen. Wenn Sie sich näher mit Ihren Träumen im Verlauf Ihres Zyklus befassen wollen, spielt es keine wesentliche Rolle, ob die Trauminhalte mit den oben genannten Punkten übereinstimmen: Jede Frau hat ihre ureigenen Themen, die in ihren Träumen immer wiederkehren. Diese Themen zu erfassen und sich bewusst zu machen kann der erste Schritt dazu sein, sie ins persönliche Leben zu integrieren beziehungsweise Probleme in diesen Bereichen zu lösen.

Frauen, die sich vermehrt ihren Träumen zuwenden, können darin oft neue Bereiche ihrer Weiblichkeit entdecken. Diese Botschaften bewusst aufzunehmen macht es ihnen möglich, sich mehr Klarheit über eigene Lebensfragen zu verschaffen.

Das können Sie tun:

Achten Sie auf Ihre Träume. Das klappt am besten, wenn Sie ein Traumtagebuch anlegen, das immer griffbereit neben Ihrem Bett liegt. Versuchen Sie, sich möglichst genau an die Handlung zu erinnern. Jedes Detail kann von Bedeutung sein. Sie können den Traum auf eine linke Seite Ihres Tagebuchs schreiben; rechts haben Sie dann Platz, um alles zu notieren, was Ihnen zu den einzelnen Szenen und Symbolen einfällt. Dabei können folgende Fragen hilfreich sein:

- In welche Stimmung hat der Traum mich gebracht?
- Was war mein erstes Gefühl oder mein erster Gedanke beim Aufwachen?
- Was hat der Traum mit meinem Leben zu tun?
- Wo stehe ich gerade im Zyklus, kann das Thema etwas damit zu tun haben?
- Ist mir dieses Thema schon bekannt? Taucht es immer wieder in meinen Träumen auf?

Mit Träumen zu arbeiten kann sehr spannend sein, denn sie können uns Aufschluss über viele unbewusste Handlungsweisen und Wünsche geben. Träume haben mich übrigens unter anderem auch dazu gebracht, mich ausgiebiger mit dem Thema Menstruation zu beschäftigen. Mir war aufgefallen, dass ich am Tag vor der Blutung immer besonders intensive Träume hatte. Im Laufe der Zeit konnte ich anhand meiner Träume »vorhersagen«, dass am nächsten Tag meine Blutung einsetzen würde.

Wenn sich aus dem Traum Fragen ergeben, können Sie am nächsten Abend vor dem Einschlafen um eine Fortsetzung des Traums oder eine konkrete Antwort bitten.

Wenn Sie glauben, im Traum eine der »helfenden Gestalten« getroffen zu haben, von denen wir vorhin gesprochen haben, können Sie mit dieser Gestalt in Kontakt bleiben und kurz vor dem Einschlafen Fragen oder Wünsche an sie richten. Sie können aber auch tagsüber Kontakt zu ihr aufnehmen – sie kann zu Ihrer inneren Beraterin werden. Vergessen Sie auch nicht, Ihre Freude über ihr Erscheinen auszudrücken und ihr für ihre Unterstützung zu danken.

Bei sehr intensiven und beeindruckenden Träumen kann Malen sehr hilfreich sein. Die Sprache der Bilder ist der Traumsprache sehr ähnlich; Bilder sagen oft mehr als Worte. Ein Bild kann Ihnen den Traum also umfassend widerspiegeln. Sie müssen gar nicht alles sofort durchschauen: Hängen Sie das Bild eine Zeit lang an einem geeigneten Platz auf und schauen es einfach öfter an. Träume wirken manchmal langsam. Oft kann es eine Weile dauern, bis eine eindeutige Botschaft auftaucht oder bis es zu einem »Aha-Erlebnis« kommt.

Sie müssen auch nicht unbedingt alle Träume aufschreiben und »bearbeiten«. Wenn Ihnen das zu viel ist, können Sie einfach nur die Träume schriftlich festhalten oder malen, die Ihnen wichtig erscheinen. Aber bleiben Sie am Ball: Schreiben Sie, wenn Sie Lust dazu haben, alles auf, ein anderes Mal reichen vielleicht schon Stichworte. Sie müssen ja nicht alles wissen – und erzwingen können Sie ohnehin nichts.

Sehr hilfreich kann es sein, über bedeutsam erscheinende Trauminhalte mit einer Vertrauensperson zu sprechen. Beim Erzählen fallen einem oft Zusammenhänge auf. Sie können sich aber auch fachliche Hilfe suchen: Traumarbeit wird in verschiedenen psychotherapeutischen Methoden als Form der Bewusstseinsarbeit eingesetzt.

Besonders wichtig bei der Arbeit mit Träumen ist die Kontinuität: Bleiben Sie über einen längeren Zeitraum hinweg dabei. Mit der Zeit werden Ihnen die Zusammenhänge immer schneller bewusst werden. Je länger Sie sich mit Ihren Träumen beschäftigen, desto weniger müssen Sie auch aufschreiben. Sie werden merken, dass Verbindungen zwischen Ihren Träumen auftauchen – ein »innerer roter Faden« wird sichtbar, der auch Ihren äußeren, den ganz realen Lebensweg beeinflusst. Das Unterbewusstsein und das Tagesbewusstsein wachsen ebenso zusammen wie die innere und die äußere Welt. Träume sind die Sprache des inneren Selbst und können so zu einer Orientierung im ganzen Leben werden.

Der gemeinsame Weg zur weiblichen Fülle

Nachdem Sie nun eine Vielzahl von Möglichkeiten kennen gelernt haben, um zu Ihrer eigenen menstruellen Kraft vorzudringen, geht es in diesem Kapitel um den gemeinsamen Weg. Trauen Sie sich, diesen Weg zusammen mit Ihrem Partner oder Ihrer Partnerin zu gehen. Denn gemeinsames Wachstum ist das schönste Wachstum!

Eine wichtige Voraussetzung dafür ist allerdings, dass Sie Ihre eigenen Bedürfnisse kennen. Versuchen Sie also, in der Zeit der Blutung ganz besonders darauf zu achten, was, mit wem, von wem und wie Sie etwas wollen. Manchmal wollen Frauen während der Menstruation einfach ihre Ruhe haben und allein sein, manchmal fühlen sie sich im Kreis von anderen Frauen am wohlsten, und manchmal lieben sie es, von ihrem Partner oder ihrer Partnerin verwöhnt zu werden.

Viele Frauen – aber auch Männer – kennen ihre eigenen Bedürfnisse jedoch gar nicht wirklich. Sie versuchen ständig die Bedürfnisse des Partners, der Kinder, des Arbeitgebers und ihre Rolle in der Gesellschaft zu erfüllen. Was aber ihre eigenen Bedürfnisse angeht, bleibt oft nicht einmal die Zeit, sie überhaupt wahrzunehmen. Sich in diesem Bereich Klarheit zu verschaffen ist ein wesentlicher Schritt auf dem Weg zur gemeinsamen Fülle.

Männer und Menstruation

Um die eigene Blutung auch in der Partnerschaft positiv und offen erleben zu können und einen respektvollen Umgang damit zu ermöglichen, ist es wichtig, sich die Beziehung der Männer zur Menstruation einmal genauer anzuschauen. Dabei kann ein Blick auf andere Kulturen vielleicht hilfreich sein.

In vielen traditionellen Gesellschaften wird der Frau in der Zeit der Menstruation eine natürliche Nähe zur Göttlichkeit und ein Privileg auf Gesundheit zugeschrieben. Da sie durch die monatliche Blutung auf ganz natürliche Weise alles Alte, Kranke und »Schlechte« ausscheiden kann, erscheint sie oft stärker und gesünder als der Mann. Manche Kulturen – wie zum Beispiel die nordamerikanischen Indianer – schätzen die Frau gerade wegen ihrer weiblichen Weisheit, die während der Menstruation noch deutlicher spürbar wird.

Die »Männermenstruation«, also die symbolische Nachahmung der weiblichen Blutung, ist in traditionellen Gesellschaften noch heute weit verbreitet. Zum Beispiel gilt es bei verschiedenen Stämmen in Südostasien, Australien, Südamerika, Südindien oder Papua-Neuguinea für Männer sozusagen als »ganz normal«, symbolisch zu menstruieren oder zu gebären, um durch diese rituelle Reinigung Zugang zur weiblichen göttlichen Kraft zu finden.

Dabei wird die »Blutung« häufig durch Beschneidung oder Aufritzung des Penis vollzogen, aber auch Körperteile wie Nase, Zunge, Finger oder Arm können symbolisch für den Penis »bluten«. Bei manchen Stammesgemeinschaften wie zum Beispiel den Ost-Tukano am oberen Amazonas bemalen sich die Männer mit roter Farbe, die das Menstruationsblut symbolisiert, um so einen Zugang zu Veränderung und Erneuerung zu erlangen. Bei manchen Stämmen werden auch der Penis, die Unterlippe oder die Zunge als Symbol für die Vagina durchbohrt. In die Löcher werden dann häufig Pflöcke eingeführt, um Vagina und Penis zugleich zu symbolisieren.

Frauen wurden und werden in diesen Kulturen sehr geachtet und die Erfahrungen, die sie während ihrer Regelblutung machen, hoch geschätzt. Durch diese gesellschaftliche Wertschätzung und den natürlichen Rückzugsraum, der ihr in dieser Zeit gewährt wird, kann die Frau ganz zu ihrer Kraft und Stärke finden und ihr gesamtes weibliches Potenzial erfahren und leben. Bei den Yurok beispielsweise wird die Periode ganz offiziell als eine Zeit erhöhter Empfindsamkeit, der Innenschau und der Kreativität gesehen – die Leistungsfähigkeit im Alltag spielt dabei keine Rolle.

Auch in manchen stark patriarchalisch geprägten Gesellschaften führen Männer eigene Menstruationsrituale durch, allerdings nicht offiziell. Männer haben dafür ihre eigenen Plätze, zu denen Frauen der Zutritt verwehrt ist. Bei den Wogeo in Papua-Neuguinea zum Beispiel »menstruieren« Männer zwar regelmäßig symbolisch, ziehen sich bei diesen Ritualen aber von der Gesellschaft zurück.

Dieses Geschehen spricht dafür, dass es wohl nicht nur den in unserem Kulturkreis viel zitierten »Penisneid« der

Frauen, sondern sozusagen auch einen »Gebär- und Menstruationsneid« der Männer geben könnte, von dem allerdings nur selten die Rede ist. Auch manche Männer haben anscheinend das Bedürfnis, sich regelmäßig innerlich zu reinigen und die weiblichen Kräfte in sich aufzunehmen. Namhafte Experten wie zum Beispiel Bruno Bettelheim[1] und mancher aufgeschlossene Mann halten diese Interpretation durchaus für zutreffend.

Menstruation und Sexualität in der Partnerschaft

In unserem Kulturkreis herrscht allgemein allerdings eine andere Einstellung zur Menstruation vor. Ein Großteil der Männer reagiert auf das Thema Menstruation auch heute noch – zumindest unbewusst – oft eher negativ.

Viele Männer fühlen sich durch die Menstruation anscheinend in gewisser Weise bedroht. Sie empfinden die Frau in dieser Zeit oft als launisch und unattraktiv und gehen daher häufig auf Distanz. Damit verstärken sie das ohnehin bestehende Tabu noch, was wiederum Auswirkungen auf die Frauen hat, die diese Ablehnung ja auch spüren. Männer wissen häufig einfach nicht, wie sie mit einer Frau in der Menstruation umgehen sollen. Bei manchen löst der Anblick des Blutes auch körperliche Übelkeit aus.

Sexuell fühlen sich viele Männer eher verunsichert, nicht zuletzt wohl deshalb, weil im Christentum die blutende Frau

Gut zu wissen

Untersuchungen zufolge empfinden 49 Prozent der Männer die Menstruation gering, 36 Prozent mäßig und 15 Prozent stark negativ.[2]

über lange Zeit hinweg als »diabolisch« und »unrein« betrachtet wurde – ein »Glaube«, der von Männern wohl oft unbewusst an ihre Söhne weitergegeben wurde. Dazu kommt, dass Männer ihre Frauen vor und während der Menstruation auch häufig als unberechenbar, streitsüchtig, depressiv, nervös und überempfindlich erleben.[3] Deshalb ist die monatliche Blutung für viele Männer immer noch eher eine Art »rotes Tuch«.

Bei genauerem Hinschauen finden sich bei Männern häufig große Berührungsängste mit dem weiblichen Blut. Das wird auch an der Angst und Unsicherheit im sexuellen Umgang mit einer menstruierenden Frau deutlich. Erst langsam beginnt sich hier eine Veränderung abzuzeichnen: Männer wie Frauen öffnen sich vermehrt für dieses »Tabuthema« und beginnen, der Menstruation mit Respekt zu begegnen und sie auch in ihre Beziehungen zu integrieren.

Geschlechtsverkehr während der Menstruation ist in vielen Kulturen hauptsächlich aus religiösen Motiven untersagt – zum Beispiel in islamischen Ländern, im Hinduismus, in der jüdischen und in vielen traditionellen Gesellschaften. Auch die katholische Kirche hat das sexuelle Lustempfinden

Gut zu wissen

Während der Menstruation ist eine Frau offener, ihre Geschlechtsteile sind stärker durchblutet, und das Gewebe ist weicher und größer. Ein Orgasmus kann bei Menstruationsbeschwerden, Spannungen und Bauchkrämpfen sehr heilsam sein.

der Frau während der Menstruation lange »verteufelt« und den Mann dazu ermahnt, mit einer menstruierenden Frau tunlichst nicht zu verkehren: »Der Herr sprach zu Moses: Schläft ein Mann bei einer menstruierenden Frau, so sollen beide aus dem Volk ausgerottet werden.«[4]

Zu Zeiten des Matriarchats konnten die Frauen ihre Lust noch ohne kirchlich-moralische Beschränkung ausleben. Georg Groddeck, einer der Begründer der psychosomatischen Medizin, schreibt dazu: »Denn das ist das Wesentliche: der Rausch, die Brunst, die Geschlechtslust des Weibes ist während dieser Blutung hochgradig gesteigert, und wie das Tier, das gewiss nicht niederer als der Mensch ist, lockt sie auf irgendeine Weise in dieser Zeit den Mann zu sich; und die Umarmung während der Blutung ist die heißeste, glücklichste, wäre es vielmehr, wenn die Sitte nicht ihr Verbot dagegen gesetzt hätte.«[5]

In unserer Gesellschaft löst der sexuelle Kontakt während der Menstruation auch heute noch Berührungsängste aus: Eine Studie zeigt, dass etwa 60 Prozent aller befragten Männer den Intimkontakt während der Blutung ablehnen, etwa 40 Prozent haben damit nur geringfügige oder gar keine Probleme. Die Begründungen waren unterschiedlich – Männer gaben eigenes Unbehagen, aber auch Unbehagen der Frau als Hinderungsgrund an.[6]

Auch Frauen wurden zu diesem Thema befragt, und zwar mit folgendem Ergebnis: Etwa 36 Prozent lehnen jeglichen sexuellen Kontakt ab, 33 Prozent sind nur mäßig interessiert, aber immerhin rund 30 Prozent wünschen sich sexuellen Kontakt während der Menstruation.[7]

Manche Frauen erleben die Spannungen vor dem Eintreten der Blutung als Steigerung der Erregbarkeit und der sexuellen Lust. In der feministischen Literatur wird die Menstruation manchmal gewissermaßen als eine Art »Brunstzeit« betrachtet, in der sich der Mann von der Frau verstärkt angezogen fühlt und die Frau aufgrund ihrer hormonellen Veränderungen und des fließenden Blutes sexuell stärker erregt ist.[8]

Frauen wollen jedoch nach wie vor zum größten Teil aufgrund ihres Unwohlseins, aber auch aus hygienischen Gründen während der Menstruation lieber keinen sexuellen Kontakt. Viele Frauen trauen sich allerdings oft nicht, mit ihrem Partner offen darüber zu sprechen, wie es ihnen in dieser Zeit ergeht – weder über ihre Scham noch über ihre Lust. Aber auch bei Männern spielt Angst vor Verunreinigung und Übertragung von Krankheiten in diesem Punkt häufig immer noch eine Rolle.

So bleiben beide in dieser Zeit eher für sich – und das ist

eigentlich schade. Denn ein offenes Gespräch über dieses Thema könnte zu einer Bereicherung der Partnerschaft auf beiden Seiten führen und längst überholte Tabus ausräumen.

Vielleicht brauchen Frauen rund um die Menstruation manchmal auch eine etwas andere Form von Sexualität. Manche Frauen wünschen sich dann vor allem Zärtlichkeit und körperliche Nähe. Da kann zum Beispiel eine sinnliche Massage beiden Partnern ausgesprochen gut tun. Auf diese Weise können sie zusammen auch ganz neue Spielarten der Sexualität entdecken und in ihre Partnerschaft einbeziehen.

Viele Frauen schränken sich in sexueller Hinsicht sowieso ein und tun das während der Menstruation noch stärker, weil sie das Gefühl haben, irgendwie unrein und nicht attraktiv genug zu sein. Das führt oft dazu, dass sie sich auch insgesamt schlecht und unrein fühlen, dieses Gefühl also auf ihre ganze Person beziehen. Dadurch verschließen sie sich jedoch immer mehr ihrer eigenen Lust und ihren ureigenen Bedürfnissen. Dann kann es dazu kommen, dass ursprünglich positive, kraftvolle Energien zu schmerzhaften Spannungen, Migräne und anderen Beschwerden führen.

Menstruation und Sexualität hängen enger zusammen, als vielen Frauen bewusst ist. Frauen, die ihre Sexualität positiv bewerten und ihre Regelblutung als Zeichen ihrer Weiblichkeit annehmen und als angenehm empfinden, haben weniger Probleme mit ihrer Menstruation und auch in dieser Zeit eher den Wunsch nach Zärtlichkeit und Sexualität.[9] Frauen, die vermittelt bekamen, dass es sich bei der Menstruation um etwas Unreines handelt, haben dagegen häufig auch keine allzu

Das können Sie tun:

Die Beschäftigung mit Ihrer Menstruation kann auch dazu führen, dass Sie sich ganz neu mit Ihrer eigenen Sexualität auseinander setzen. Sollte Ihnen ein intimer Kontakt während Ihrer Periode unangenehm sein, können Sie einmal versuchen, auf folgende Fragen eine Antwort zu finden:

- Was passiert, wenn ich mir die sexuelle Annäherung in meiner Beziehung während der Menstruation vorstelle?
- Schäme ich mich, weil ich meine Periode habe?
- Glaube ich, dass es meinem Partner/meiner Partnerin unangenehm sein könnte, sich mir jetzt zu nähern?
- Glaube ich, dass es ihm/ihr unangenehm sein könnte, weil wir dieses Thema nie wirklich angesprochen haben?
- Wie sehen meine eigenen sexuellen Bedürfnisse während der Regelblutung aus?
- Habe ich in dieser Zeit überhaupt welche?
- Wenn nicht, sind sie vielleicht hinter einem Gefühl der Scham verborgen?
- Habe ich einfach nur das Bedürfnis nach Ruhe?
- Wie sieht es mit den Bedürfnissen meines Partners/ meiner Partnerin während meiner Periode aus?
- Wie steht es um die Bandbreite meines sexuellen Erlebens? Muss es während der Periode tatsächlich zum Geschlechtsverkehr kommen?
- Welche anderen Spielarten fallen mir ein, bei denen intensive Nähe aufkommen könnte?

offene und lustvolle Einstellung ihrer eigenen Sexualität und Menstruation gegenüber.

Versuchen Sie, rund um die Zeit der Blutung ganz besonders auf körperliche Botschaften und Bedürfnisse zu achten. In dieser Zeit sind sie meist deutlicher spürbar als sonst. Eine Frau muss dann aber keineswegs unbedingt das Verlangen nach Sex haben. Vielleicht haben Sie ganz andere Bedürfnisse, wollen zum Beispiel einfach öfter allein sein oder zur Ruhe kommen. Versuchen Sie doch einmal, wirklich nur Ihren eigenen Bedürfnissen zu folgen, anstatt immer irgendwelche Erwartungen, die Sie selbst oder andere an Sie stellen, zu erfüllen.

Vielleicht haben Sie während der Menstruation auch eher das Bedürfnis, sich selbst zu befriedigen, statt mit ihrem Partner/Ihrer Partnerin zu schlafen. Erlaubt ist alles – Hauptsache, es macht Ihnen Spaß und bringt Ihnen innere Erfüllung. Vielen Frauen wird sogar von SexualtherapeutInnen empfohlen, sich selbst zu befriedigen, da umfangreiche Untersuchungen der Sexualforschung mittlerweile die heilsame Wirkung der Masturbation belegt haben. Dadurch lernen sie sich zum einen besser kennen, zum anderen kann auch die Sexualität in einer Beziehung entspannter gelebt werden.

Früher stand die Masturbation in dem Ruf, schädlich und sündhaft zu sein. Das Wort »masturbieren«, also sich selbst befriedigen, leitet sich vom lateinischen *masturbari* ab, das wohl aus *manu stuprare*, »mit der Hand schänden«, hervorgegangen ist. In der jüdisch-christlichen Tradition wurde jede Form der Sexualität, die nicht der Erzeugung von Leben diente, als »unrein« betrachtet. Somit wurde die Masturbation zu einer »unreinen Handlung« erklärt, die man zeitweise sogar für Krankheiten wie Krebs, Epilepsie, Herzanfälle und Geistesstörungen verantwortlich machte.

Jetzt können Sie versuchen, Ihren eigenen körperlichen und sexuellen Bedürfnissen einmal genau auf den Grund zu gehen. Finden Sie heraus, wonach Ihnen ganz spontan zumute ist! Dabei können Ihnen folgende Fragen helfen:

- Wie geht es mir mit meiner Sexualität?
- Nehme ich meine Weiblichkeit wirklich an, und kann ich es genießen, eine Frau zu sein?
- Wenn das nicht der Fall ist – was hindert mich daran?
- Habe ich während der Menstruation stärker das Bedürfnis nach Sex oder eher weniger?
- Gebe ich meinen Impulsen dabei nach?
- Gebe ich ihnen nicht nach – aus Angst, mein Partner/meine Partnerin würde mit meinem Menstruationsblut nicht zurecht kommen?
- Spreche ich mit meinem Partner/meiner Partnerin über meine Bedürfnisse und Ängste?
- Verwöhne ich mich ab und zu selbst?
- Kann ich die Sexualität mit mir selbst richtig genießen?

Sollten bei diesen Fragen Gefühle von Schuld und Scham in Ihnen aufsteigen, dann schreiben Sie auf, was Sie bewegt, und versuchen Sie, die Ursache dafür zu finden. Und vor allem: Nehmen Sie sich selbst so an, wie Sie sind!

Das können Sie tun:

Wenn Sie einen bewussteren Zugang zu Ihrer Sexualität finden möchten, kann es hilfreich sein, den Bereich Ihres Körpers intensiver erspüren zu lernen, in dem die Sexualessenz angesiedelt ist. Dieser Bereich liegt zwischen dem zweiten und dem dritten Lendenwirbel und wird im Yoga dem zweiten Chakra zugeordnet. Die Taoisten bezeichnen ihn als »Tor des Lebens«, denn Sexualenergie ist die zentrale Lebensenergie. Dieser Energie können Sie mit der folgenden Übung auf die Spur kommen.

Das Tor des Lebens

Für diese Übung stellen Sie sich möglichst aufrecht hin. Dann reiben Sie Ihre Handflächen schnell aneinander, als ob Sie ein Feuer entfachen wollten, um sie mit Energie aufzuladen. Legen Sie nun die Hände beidseitig auf den unteren Rücken, wobei die Fingerkuppen die Wirbelsäule berühren.

Stellen Sie sich jetzt vor, wie Sie über einen imaginären Schlauch den Bauchraum mit frischem Sauerstoff, mit Lebensenergie füllen. Beim Einatmen wird der imaginäre Ballon gegen das Rückgrat gepresst, was Ihren Rücken leicht nach außen drückt. Dann atmen Sie langsam wieder aus und stellen sich vor, wie alles wieder an die ursprüngliche Stelle rückt. Wiederholen Sie die Übung und malen Sie sich aus, wie die Nieren mit frischer Lebensenergie gereinigt und somit gekräftigt werden, dann der

untere Rücken, die Muskeln der Lendenwirbelsäule sowie das Zwerchfell.
Diese Übung bewirkt, dass Sie Ihren Bauch und Ihre inneren Organe verstärkt wahrnehmen und somit auch einen tieferen Zugang zu Ihrer Weiblichkeit finden. Achten Sie bitte darauf, dass Sie sich immer genügend Zeit dafür nehmen. Werden Sie auch nicht ungeduldig, wenn sich nicht gleich schlagartig eine Verbesserung einstellt. Mit der Zeit wird sich nicht nur oberflächlich, sondern grundlegend etwas bei Ihnen und in Ihrem Leben ändern.

Die sexuelle Erregung kann sich im Verlauf des Monats ganz unterschiedlich äußern. Vielleicht ist Ihr sexuelles Verlangen ja während des Eisprungs am stärksten. Vielleicht haben Sie aber auch vor oder während der Menstruation besonders viel Lust auf Sex. Sollte das nicht der Fall sein, nimmt das Verlangen womöglich nach Ihrer Menstruation zu, als ob sich gewissermaßen etwas »aufgestaut« hätte.

Wenn Sie sich erst einmal Ihre Bedürfnisse bewusst gemacht haben, können Sie auch leichter mit Ihrem Partner/Ihrer Partnerin darüber sprechen. Am besten versuchen Sie Ihr Anliegen als klare »Ich-Botschaft« rüberzubringen. Das kann etwa so aussehen, dass Sie sagen: »Ich fühle mich überfordert und brauche deine Hilfe«, anstatt ihm vorzuwerfen: »Du hilfst mir überhaupt nicht«. So können Sie Ihrem Partner/Ihrer Partnerin vermitteln, was Sie sich wünschen und brauchen, ohne dass es als Forderung oder Vorwurf ankommt.

Das Verständnis des Partners ist für Frauen während der Menstruation besonders wichtig. Es kann eine Zeit der inneren Reinigung werden, die einer Frau hilft, sich selbst und andere Menschen besser zu verstehen. Wenn der Partner um diese Zusammenhänge weiß, fällt es ihm zumeist leichter, die Stimmungsschwankungen der Frau während dieser Zeit zu verstehen. Versuchen Sie aber auch, Ihren Partner zu verstehen, denn er kann als Mann oft nicht nachvollziehen, was in Ihnen vorgeht. Lassen Sie ihn an Ihren Gefühlen teilhaben und machen Sie – wenn Sie beide Lust dazu haben – die Übungen mit ihm zusammen.

Nicht jede Frau hat während ihrer Tage sexuelle Bedürfnisse. Vielleicht wünschen Sie sich in dieser Zeit besonders viel Fürsorge, wollen bekocht, umsorgt und verhätschelt werden. Dann tut es Ihnen gut, wenn er Ihnen bei Beschwerden eine Wärmeflasche bringt, Ihren Bauch massiert oder auch nur da ist und Ihnen die Hand auf den Bauch legt. Dazwischen wollen Sie dann vielleicht wieder allein sein, um sich so richtig hineinfallen lassen zu können in das, was sich in dieser Zeit so alles in Ihnen abspielt.

Viele Frauen wollen ohnehin einfach verstärkt mit sich allein sein und die so sensible Zeit nutzen, um ihr »offenes Inneres« kennen zu lernen. Manchmal steigen dabei aber auch alte Verletzungen oder Erlebnisse ins Bewusstsein auf – da kann eine Frau auch einmal plötzlich in alte Kindheitsgefühle zurückfallen. Dann will sie vielleicht getröstet werden, hat auf einmal Heißhunger auf Süßigkeiten oder einfach Sehnsucht nach Geborgenheit. Oft ist dabei eine Art »Nachholbedürfnis« im Spiel, ein Manko an Geborgenheit wird spürbar, eine alte Sehnsucht möchte erfüllt werden.

Wenn es Ihnen manchmal so ergeht, dann sagen Sie es Ihrem Partner. Auch wenn er nicht all Ihre Bedürfnisse erfüllen kann, ist es wichtig, dass er sie kennt. Denn dann weiß er, dass Ihr Befinden nicht unmittelbar mit ihm zu tun hat und kann so leichter Verständnis für Ihre Situation aufbringen, als wenn er selbst mit Schuldgefühlen zu kämpfen hätte. Versuchen Sie auch seine Grenzen zu respektieren – selbst wenn es wehtut. Es hat keinen Sinn, dem Partner Vorwürfe dafür zu machen, dass Sie sich bedürftig fühlen und etwas brauchen. Da geht schnell gar nichts mehr. Fragen Sie ihn lieber, warum er Ihnen etwas nicht geben kann – oft liegt es daran, dass er es selbst nicht bekommen hat. Vielleicht kann er Ihnen auch nur einen Teil geben, oder er braucht einfach Zeit, um sich darauf einstellen zu können.

Wenn Sie den Menschen, die Ihnen nahe stehen, sagen, was mit Ihnen los ist und ihr Wohlwollen spüren, gelingt Ihnen das Loslassen in dieser Zeit sicher besser, als wenn Sie alles mit sich allein abmachen und die anderen gar nicht wissen, was sie mit Ihnen anfangen sollen. Dann werden Sie auch ernst genommen und Kommentare wie »die spinnt schon wieder« oder »Sie hat halt wieder ihre Tage« werden ausbleiben. Eines ist allerdings sicher: Sie werden nur dann ernst genommen, wenn Sie sich selbst ernst nehmen und das auch zeigen.

Das können Sie tun:

Durch Ihre intensive Auseinandersetzung mit der Menstruation können Sie mit Ihrem Partner/Ihrer Partnerin während dieser Zeit – und vielleicht sogar darüber hinaus – eine ganz neue Form des Zusammenseins entdecken und erleben. Das setzt allerdings voraus, dass Sie über Ihre jeweiligen Bedürfnisse offen miteinander sprechen. Dabei kann Ihnen eine ganz spezielle Form der Aussprache helfen – ein Zweiergespräch, das sich über 40 Minuten erstreckt und nach ganz bestimmten Regeln abläuft.

Setzen Sie sich einander in gebührendem Abstand und auf gleicher Augenhöhe gegenüber. Nun beginnt die Übung, in dem Ihr Partner/Ihre Partnerin Sie um Antwort auf eine Frage bittet. Das kann zum Beispiel so aussehen:

»Sag mir etwas, was du dir während deiner Menstruation wünschst.«

oder

»Sag mir etwas, was du in Bezug auf unsere Sexualität während deiner Menstruation möchtest oder nicht möchtest.«

Dann haben Sie 5 Minuten Zeit, zu sagen, was in Ihnen vor sich geht. Ihr/e Partner/in hört Ihnen einfach nur zu, ohne Ihre Bemerkungen zu bewerten und ohne Sie zu unterbrechen. Er/sie sollte Sie auch nicht durch Gestik und Mimik bestätigen, sondern einfach versuchen, ein/e gute/r Zuhörer/in zu sein und Sie wirklich zu verstehen.

Nach 5 Minuten bedankt sich Ihr/e Partner/in dann mit einem schlichten »Danke« dafür, dass Sie ihm/Ihr gegenüber ehrlich waren und Ihre Wünsche und Bedürfnisse offen ausgesprochen haben. Dann wechseln Sie die Rollen und stellen an Ihr Gegenüber die gleiche Frage. Dieser Zyklus dauert ebenfalls 5 Minuten. Danach ist die nächste Frage an der Reihe. So geht es dann insgesamt 40 Minuten hin und her.

Wenn Sie in Ihrer Partnerschaft gegenseitig versuchen, sich in den anderen hineinzuversetzen, und es Ihnen gelingt, einander anzunehmen – auch mit Ihren Grenzen –, dann haben Sie als Paar eine große Chance, sich gemeinsam weiterzuentwickeln.

Ein Mann, der sich mit der weiblichen Natur und Stärke anfreundet und Vertrauen dazu entwickelt, braucht auch keine Angst mehr vor seinen eigenen weiblichen Anteilen und vor seinen Gefühlen zu haben. Männer stehen zumeist unter einem starken gesellschaftlichen und privaten Leistungsdruck. Sobald sie den Ansprüchen des Geschäftslebens nicht mehr entsprechen, laufen sie Gefahr, ihre Arbeit und ihre soziale Stellung zu verlieren. Allzu viel Emotionalität ist daher in unserer Gesellschaft bei Männern oft gar nicht gefragt. Andererseits haben sie jedoch auch ihre Bedürfnisse und unterliegen bestimmten Zyklen, die sie im Alltag beeinflussen.

Ich habe im Zuge meiner Gespräche über Menstruation schon öfter von Männern gehört, dass sie sich manchmal auch gern eine Auszeit nehmen würden, um wieder »zu sich zu kommen«. Denn auch sie unterliegen bestimmten emotionalen und hormonellen Zyklen.[10] Männer mussten ihre Gefühle allerdings oft noch mehr verdrängen als Frauen, was dann zu dem typisch männlichen »Macho-«Verhalten führen kann. Zum Glück findet aber auch bei Männern derzeit eine spürbare Veränderung statt.

Viele Männer beginnen, sich ihren Gefühlen gegenüber zunehmend zu öffnen und herauszufinden, was ihre eigentlichen Bedürfnisse sind. Sie fangen auch an, sich in Partnerschaften mehr zu öffnen, und entdecken, dass sie selbst Zyklen haben können, in denen sie sich zurückziehen wollen, um zu sich selbst zu finden. Dadurch lernt ein Mann, sich selbst und auch seine Partnerin besser zu verstehen. So kann eine ganz neue, innerlich reichere Beziehungsebene erreicht und gelebt werden.

Natürliche Empfängnisverhütung

Wenn Sie Ihre Sexualität nun neu erforschen, kann es auch passieren, dass sich Ihre Einstellung zur Verhütung verändert. Vielleicht möchten Sie dann nicht mehr auf die Pille, die chemische Zyklusregulation, zurückgreifen, sondern suchen nach anderen Möglichkeiten.

Auch die natürliche Empfängnisverhütung kann ein Weg

sein, Partnerschaft und Zyklus intensiver zu erleben. Diese Art der Empfängnisverhütung lässt Sie selbst und Ihren Partner Ihre körperlichen Veränderungen auf direkte Weise wahrnehmen. So kann es für beide zu einem bewussteren Umgang miteinander und zu einem größeren Verständnis füreinander kommen. Auch die seelische Verfassung wird leichter verständlich, weil sie in einen unmittelbaren Zusammenhang mit den körperlichen Prozessen gebracht werden kann.

Vielleicht ist Ihnen durch dieses Buch ja bewusst geworden, wie weit Sie sich selbst – wie so viele Frauen heutzutage – von Ihren natürlichen Zyklen entfernt haben. Durch künstliches Licht und die Antibabypille sind die natürlichen Rhythmen vielfach außer Kraft gesetzt worden, und das Empfinden dafür ist vielen Frauen abhanden gekommen.

Vielleicht wünschen Sie sich ja, wieder einen besseren Zugang zu diesen Zyklen zu bekommen. Ein sehr körperbezogener Weg, die Veränderungen im Zyklus bewusst wahrzunehmen, ist die Methode der Schleim- und Temperaturbeobachtung, die auch zur Empfängnisregelung eingesetzt werden kann.

Die Kombination von täglicher morgendlicher Temperaturmessung und Schleimbeobachtung zeigt ziemlich genau, wo eine Frau in ihrem Zyklus gerade steht. So können auch die fruchtbaren und die unfruchtbaren Tage mit einiger – aber natürlich nicht mit absoluter – Sicherheit festgestellt werden.

Nach der Blutung beginnen die eher trockenen Tage. Die Schleimabsonderung setzt mit flockigem Schleim vor dem Eisprung ein, geht dann in farblosen, glasigen Schleim rund um den Eisprung über und wird zur nächsten Blutung hin dicker, undurchsichtig und klebrig.

Die Aufwachtemperatur hängt ebenso wie die Konsistenz des Schleims mit den Hormonen zusammen. Die Temperatur ist bis zum Eisprung gleichmäßig niedrig und steigt in der Zyklusmitte dann an. Danach bleibt sie leicht erhöht und fällt zur Blutung hin wieder ab. Die Temperaturkurve kann den Eisprung und auch die Dauer der fruchtbaren Tage anzeigen.

Temperatur und Schleimabsonderung müssen täglich beobachtet und notiert werden, um zu einem Gesamtbild Ihres Zyklus zu kommen. Lassen Sie sich in Ihrer Frauenarztpraxis beraten, wie Sie die Aufzeichnungen am besten vornehmen können. Diese Methode erfordert etwas Übung – es dauert also ein bisschen, bis sich ein Gefühl der Sicherheit einstellt. Durch die regelmäßige Messung bekommen Sie aber auch ein ganz anderes Gefühl für Ihren Zyklus und Ihren Körper. Dadurch bauen Sie eine sehr nahe Beziehung zu Ihrem Körper auf und können die Verbindung Körper, Geist und Seele sozusagen »am eigenen Leib« spüren und erleben.

Viele Frauen, die diese Methode anwenden, machen die Erfahrung, dass ihr Zyklus dadurch gewissermaßen »sichtbar« wird. So können sie körperliche und psychische Veränderungen auch eher mit ihrem Zyklusgeschehen in Verbindung bringen.

Monatshygiene

Die weibliche Menstruation wurde im Laufe der Geschichte aus dem öffentlichen Bewusstsein stark verdrängt. Auch heute ist das Blut nicht sehr offensichtlich. Ja, es ist sogar im wahrsten Sinne des Wortes von der Bildfläche verschwunden: Nur in der Werbung für Monatshygieneprodukte wird das Thema Menstruation in der Öffentlichkeit aufgegriffen, aber auch dort in verfremdeter Form. Binden und Tampons werden in der Werbung zwar gezeigt, aber die Flüssigkeit, die sie aufnehmen sollen, ist nicht blutrot, sondern blau. Weder das Wort »Menstruation« noch das Wort »Blut« wird verwendet, bis vor kurzem wurde in den Werbespots nicht einmal eine Frau gezeigt. Das Thema wird umschrieben, das Tabu verfestigt.

Das Blut soll möglichst nicht einmal aus der Scheide herausfließen – siehe Tamponwerbung –, sondern gleich dort entsorgt werden, wo es entsteht. Frauen sollen anscheinend nichts davon sehen, riechen, spüren oder gar schmecken. Der natürliche Geruch des Blutes wird häufig durch Duftbinden eingedämmt, Slipeinlagen geben jeden Tag Sicherheit vor unangenehmen Überraschungen.

Die Werbetexte sollen Frauen wohl darin unterstützen, die Tage ihrer Blutung möglichst ganz aus ihrem Bewusstsein zu streichen – und das unter dem Deckmäntelchen, doch nur ihr Wohlbefinden im Auge zu haben. Die anerzogenen Schamgefühle sorgen dafür, dass sich viele Frauen auch den gesellschaftlichen Erwartungen gemäß verhalten. Frauen kontrollieren und disziplinieren sich selbst, fühlen sich dabei oft innerlich gestresst und sind dadurch auch hart zu sich selbst. Ein sanftes »Fließen-Lassen«, ein »Sich-gehen-Lassen« und ein offener Umgang mit ihren körperlichen Vorgängen scheinen schwer möglich zu sein.

Gerade in der Zeit, in der es eigentlich ums Loslassen geht, werden viele Frauen schon fast zwanghaft reinlich und versuchen, nach außen hin so wenig wie möglich zu zeigen, dass ihr Körper in dieser zyklischen Phase eigentlich besonders viel Ruhe und Aufmerksamkeit braucht. Anscheinend schämen sich viele Frauen also noch immer für ihre Blutung und empfinden es als peinlich, wenn jemand anderer darüber Bescheid weiß. Glücklicherweise scheinen aber wenigstens junge Frauen inzwischen lockerer mit diesem Thema umzugehen.

In unserem Kulturkreis verwenden wir ganz selbstverständlich Binden oder Tampons. Das war natürlich nicht immer so. Noch Anfang dieses Jahrhunderts haben Frauen zu diesem Zweck Tücher – oft aus alter Kleidung – selbst angefertigt, nach Gebrauch gewaschen und wieder verwendet. Später gab es dann spezielle »Monatshosen«, in denen genähte oder gestrickte Vorlagen mit Hilfe von Knöpfen oder Schlaufen befestigt wurden. In den zwanziger Jahren kamen schließlich die ersten Wegwerfbinden auf den Markt, Tampons gibt es seit den fünfziger Jahren.

Frauen in anderen Kulturen greifen heute noch oft auf Blätter, Grasbüschel oder Moos zurück. Alles erdenkliche saugfähige Material wird eingesetzt. Tücher und Lappen,

Meeresschwämme, Reispapier, Taschentücher, Toilettenpapier und Watte sind einige Beispiele.

Frauen der Ureinwohner in Australien und in Ecuador schlagen ihre Grasröcke zwischen den Beinen hoch und stecken die Enden ein.[11] In Thailand verbergen Frauen die Flecken in den Falten ihres Sarongs, indem sie ihn immer wieder neu raffen, bis er schließlich gewaschen wird.

Beim Stamm der Samo haben Frauen die Angewohnheit, während ihrer Menstruation den ganzen Tag über auf den Boden zu sitzen, erst abends stehen sie auf und waschen sich. Die Frauen eines Indiostammes an der Grenze zwischen Peru und Brasilien verbringen während der Blutung fast den ganzen Tag im Fluss.[12]

Die Tuaregfrauen im algerischen Tassiligebirge sondern sich zu Beginn ihrer Blutung von der übrigen Familie ab und hocken sich über ein Loch, das sie in die Erde gegraben haben. Nachdem der erste Blutfluss vorbei ist, spannen sie einfach ihre Scheidenmuskeln an und halten so das Blut zurück. Während der ganzen Menstruationsphase gibt es Zeiten, in denen sie dem Blut freien Lauf lassen, und Zeiten, in denen sie es zurückhalten. Sie regulieren das selbst.

Wenn manchmal doch etwas Blut heraustropft, lassen sie es einfach zu. Sie tragen keine Unterhosen, so dass der starke Geruch, der entsteht, wenn eine Binde länger nicht gewechselt wurde, gar nicht erst aufkommt, da jederzeit Luft an die Scheide kommt. Gelegentlich machen sie bestimmte Sprünge und Bewegungen, um ihren Unterleib sozusagen »auszulüften«.[13]

Diese Frauen leben allerdings unter ganz anderen Umweltbedingungen als wir, nämlich fernab unserer Zivilisation in der Natur. Obwohl diese Methoden bei uns also natürlich nicht praktizierbar sind, können wir uns von dieser ungezwungenen und direkten Art des Umgangs mit dem Blut vielleicht ein bisschen inspirieren lassen. Vermutlich kommt es durch die Regulierung des Blutflusses mit den Beckenbodenmuskeln auch nicht zum Problem der Inkontinenz, das in unserer Gesellschaft bekanntlich weit verbreitet ist.

Vielleicht haben Sie ja Lust, einmal zu versuchen, Ihr Bluten selbst zu regulieren. Ich mache das manchmal beim Duschen, erst nach dem Abtrocknen und Anziehen lasse ich meine Muskeln wieder los. Das Experimentieren mit den Beckenbodenmuskeln kann spannend sein – es fördert auch die sexuelle Lust und beugt Inkontinenz vor.

Je näher Frauen der Natur sind, desto weniger »Menstruationsschutz« brauchen sie – sie brauchen sich vor ihrer Blutung nicht zu schützen. Je näher Sie sich selbst, Ihrer eigenen Natur sind, desto weniger brauchen Sie sich vor sich selbst zu schützen. Schutz vor der eigenen dunklen Seite engt ein, macht einseitig. Wenn die Tore geöffnet sind, können Sie weiter, vielfältiger und innerlich reicher werden.

In der heutigen modernen Welt kommen wir nur noch wenig mit der Natur in Berührung – außen wie innen. Wir greifen wohl alle auf industriell gefertigten Menstruationsschutz zurück, verwenden Binden und Tampons. Diese sind heute unverzichtbar und werden in immer praktischeren Varianten angeboten. Binden gibt es in unterschiedlichster Aus-

Gut zu wissen

Bei wiederkehrenden Problemen mit der Scheidenflora und häufigen Pilzinfektionen sollten Sie eher Binden aus natürlichem Material und ohne Duftstoffe als Tampons verwenden. Sie sind besonders hautverträglich, saugfähig, weich und angenehm zu tragen.

fertigung. Der Innenteil ist aus Zellstoff, meist durchmischt mit einem sogenannten »Ultrakern«, das sind kleine Kunststoffkristalle mit hoher Saugkraft. Je dünner die Binden sind, desto mehr von den Kristallen sind im Spiel. Die äußere Hülle besteht zumeist aus Vlies oder aus Kunststoff. Oft werden Duftstoffe und geruchshemmende Stoffe eingesetzt. Neben den gängigen Produkten finden Sie in Reformhäusern und Naturkostläden auch ungebleichte Wegwerfbinden und wiederverwendbare Binden aus unbehandelter Seide oder Baumwolle.

Tampons haben den Vorteil, dass zum Beispiel Schwimmen während der Menstruation möglich ist. Dafür wird jedoch die Blutung generell weniger wahrgenommen, und das Blut kann nicht frei fließen. Tampons können manchmal auch die natürliche Scheidenflora schädigen, so dass die Abwehrkraft in diesem sensiblen Bereich vermindert wird. Bei geringer Blutung können Tampons die Scheide austrocknen, dann kann es zu Schleimhautverletzungen kommen. Denn ein Tampon saugt auch die Vaginalflüssigkeit auf, die für ein gesundes Gleichgewicht sorgt. Dadurch können Keime und Bakterien leichter eindringen. Die gereizte und trockene Haut reagiert mit verstärkter Flüssigkeitsbildung, der Säurewert steigt.

Alternative Monatshygiene

Eine Alternative zu Tampons wären die schon angesprochenen Menstruationsschwämmchen, die sehr weich und anpassungsfähig sind. Voll gesaugte Schwämmchen werden einfach unter fließendem Wasser ausgewaschen und wieder eingeführt. Sie können ein Schwämmchen mehrere Monate lang immer wieder verwenden. Es wird nach der Blutung in Essigwasser ausgewaschen und getrocknet. Auch zum Auffangen und Sammeln von Blut für Rituale ist das Schwämmchen – wie schon gesagt – ideal. Es ist außerdem ein reines Naturprodukt und nicht chemisch behandelt wie Tampons.

Der Nachteil ist, dass es oft gewechselt werden muss. Außerdem brauchen Sie bei starker Blutung in der Nacht zusätzlich noch eine Binde. Auch das Auswaschen kann, wenn Sie nicht gerade zu Hause sind – also zum Beispiel am Arbeitsplatz –, Probleme mit sich bringen. Menstruationsschwämmchen gibt es bisher nur in manchen Frauengesundheitseinrichtungen und Reformhäusern.

Eine andere, gesundheits- und umweltbewusste, auch sehr praktische und billige Lösung bietet der so genannte Menstruationskelch – der Keeper.

Der Keeper ist ein geschlossener Trichter aus Naturkautschuklatex, der in den 40er Jahren in den USA entwickelt wurde. Er wird innerlich, ähnlich wie ein Tampon getragen, saugt aber das Blut nicht auf, sondern fängt es auf.

Der Vorteil ist, dass das Klima in der Vagina nicht gestört wird und es zu keinem Stau kommt, weil das Blut frei abfließen kann. Das Blut kann so gut aufgefangen werden, wenn eine Frau es für Rituale, zum Blumengießen oder als Heilmittel verwenden möchte.

Der Kelch bietet auch die Möglichkeit, direkt und sinnlich mit den weiblichen Organen und dem Blut in Berührung zu kommen. Er wird direkt unter den Gebärmuttermund gelegt, und ein kleiner Gummistutzen am Ende des Kelches liegt dann zwischen den Schamlippen. An diesem Stutzen lässt sich der Kelch ganz leicht herausziehen und entleeren. Danach wird er abgewischt bzw. abgewaschen und gleich wieder eingeführt. Er sollte ein paar Mal am Tag entleert werden.

Er kann immer wieder verwendet werden und hat eine Haltbarkeitsgarantie von 10 Jahren.

Es lohnt sich, diese Variante, die beim US-Gesundheitsministerium registriert ist und vom holländischen Verbraucherschutz als »gut« bewertet wurde, einfach einmal auszuprobieren.

Eine dritte Alternative bieten die wiederverwendbaren Binden und Tampons aus chemiefreier Baumwolle oder Seide bzw. Wegwerfprodukte aus unbehandelter Baumwolle. Solche Tampons zum Beispiel fasern nicht und wirken daher auch schonend auf die Schleimhäute in der Vagina.

Am Austausch über Erfahrungen mit Monatshygiene bin ich sehr interessiert. Meine Adresse finden Sie hinten im Anhang, Seite 268.

Die Kraft der Menstruation im Kreis der Frauen

Eine gute Möglichkeit, einen tieferen Zugang zu Ihrer Blutung zu finden, ist auch, sich mit anderen Frauen zusammenzuschließen. Sie können sich miteinander austauschen, Rituale feiern und sich, wenn Sie zum Beispiel zusammenarbeiten, vielleicht auch gegenseitig unterstützen, wenn eine Frau ihre Periode hat.

Häufig bluten eng befreundete Frauen sogar zur gleichen Zeit oder doch zu ähnlichen Zeiten – dann ist es womöglich noch schöner, diese Zeit gemeinsam zu nutzen. Dass es zu solchen menstruellen Übereinstimmungen überhaupt kommen kann, ist vielen Frauen gar nicht bewusst.

Untersuchungen zeigen jedoch, dass es bei Frauen, die über längere Zeit auf engem Raum zusammenleben, auch zu menstruellen Übereinstimmungen kommen kann. So wurde zum Beispiel in einer europäischen Studie festgestellt, dass Mädchen, die am College zusammenwohnten und miteinander befreundet waren, oft zur selben Zeit ihre Blutung hatten.[14] Auch Frauen, die gemeinsam ihren Urlaub verbrachten, berichten manchmal von dieser Übereinstimmung.

Wenn Frauen miteinander mehr über ihre Blutung spre-

Das können Sie tun:

Wenn Sie sich ein bisschen klarer darüber werden wollen, wie es mit Ihrer eigenen Einstellung zu diesem Thema aussieht, können Sie sich selbst folgende Fragen stellen:

- Wie gehe ich eigentlich mit meiner Menstruation um?
- Spreche ich mit Freundinnen, Schwestern oder Arbeitskolleginnen darüber?
- Wie fühle ich mich bei der Vorstellung, eine andere Frau darauf anzusprechen?
- Löst diese Vorstellung ein Gefühl der Scham oder des Unwohlseins bei mir aus?
- Oder ist es für mich ganz natürlich, darüber zu sprechen?
- Wie gehen meine Freundinnen, Schwestern oder Arbeitskolleginnen mit diesem Thema um?

chen würden, könnten sicher noch weit mehr von ihnen herausfinden, dass sie zur selben Zeit ihre Tage haben. Das könnte dann vielleicht dazu führen, dass sie diese Zeit auch gern gemeinsam gestalten möchten. Ich kenne zum Beispiel eine Wohngemeinschaft, in der Frauen sich etwas wünschen dürfen, wenn sie menstruieren. Meistens führt das dazu, dass die Männer die Hausarbeit erledigen und die Frauen es sich gut gehen lassen und sich selbst ein bisschen verwöhnen. Gemeinsamkeit und gegenseitige Unterstützung können Frauen viel Mut machen, mehr auf ihre Bedürfnisse zu achten.

Gerade am Arbeitsplatz kann ein offenes Gespräch mit Ihren Kolleginnen sehr hilfreich sein. Vielleicht können Sie sich dann einmal alle zusammensetzen und einen »Zyklus« innerhalb des Arbeitsteams ausarbeiten. Wenn es sich vom Ablauf her einrichten lässt, könnte das zum Beispiel so aussehen, dass diejenige von Ihnen, die gerade ihre Tage hat, von einigen besonders stressigen Arbeiten entlastet wird und sich ein bisschen schonen kann.

Im Verbund mit anderen Frauen werden Sie eine enorme gebündelte Frauenkraft spüren, aus der Sie schöpfen können – Frauenpower pur!

Vielleicht haben Sie ja auch Lust, sich regelmäßig mit anderen Frauen zu treffen und die Menstruation oder alte Jahreskreisfeste, den Mond oder einfach die Weisheit der Frauen zusammen zu feiern. Suchen Sie den Austausch und verbinden Sie sich wieder mit anderen Frauen, mit der Natur und mit der Heilkraft, die Ihnen – wie allen Frauen – innewohnt und in der Zeit der Menstruation noch stärker zum Tragen kommt.

Frauenblut in Job und Gesellschaft

Tief in mir ist eine sprudelnde Quelle,
zu der ich regelmäßig Zugang habe,
da sind unendliche Kräfte, Talente und Fähigkeiten,
aus denen ich schöpfen kann.

Viele Frauen empfinden im Berufsleben auch heute noch einen starken Anpassungsdruck an männliche Normen. Jeden Tag gleich funktionieren zu müssen kann einerseits Wut auslösen, andererseits aber auch körperliche Beschwerden hervorrufen. Denn Frauen durchlaufen nun einmal verschiedenen zyklische Phasen, in denen jeweils unterschiedliche Fähigkeiten und Stärken zum Tragen kommen.

Verschiedene Expertinnen für diesen Bereich, wie zum Beispiel Emily Martin, fordern deshalb schon lange ein Hinterfragen der Einteilung von Arbeit und Zeit.[15] Dabei geht es um eine Organisation von Arbeit, durch die die im täglichen, wöchentlichen und monatlichen Rhythmus jeweils frei werdenden Kräfte gefördert und somit auch eventuelle Beschwerden vermindert werden können. Das betrifft übrigens auch viele Männer, die sich im Job schon fast wie Roboter fühlen. Frauen nehmen diesen Druck aufgrund ihres Monatszyklus aber meistens noch stärker wahr.

Wie geht es Ihnen ganz persönlich um die Zeit der Blutung herum in Ihrem Job? Fühlen Sie sich wie an anderen Tagen auch? Oder bemerken Sie doch einen Unterschied? Wenn Sie Beschwerden haben, gehören Sie dann zu den Frauen, die

Das können Sie tun:

Die folgenden Fragen sollen Ihnen helfen, sich ein klareres Bild von den Zusammenhängen zwischen Ihrem Zyklus und Ihrer körperlichen und seelischen Verfassung bei der Arbeit zu verschaffen. Fangen Sie an, sich selbst während der Arbeitszeit genau zu beobachten – am besten über ein paar Monate hinweg, um möglichst eindeutige Hinweise zu finden.

- Gibt es Unterschiede in meiner täglichen Verfassung, die mit dem Zyklus zusammenhängen könnten?
- Lassen sich Unterschiede in der Art, wie ich arbeite, erkennen?
- Zeigen sich Unterschiede in meiner Wahrnehmung?
- Fallen mir Stärken und Schwächen in meinem Verhalten oder in meinen Fähigkeiten auf, die mit dem Zyklus zu tun haben könnten?
- Wie sieht mein Tagesrhythmus im Hinblick auf den Zyklus aus?
- Wann bin ich besonders leistungsfähig?
- Zu welcher Tageszeit brauche ich eine Pause?
- Wann bekomme ich Hunger?

Am besten schreiben Sie auf, was Sie so beobachten. Dann wird Ihnen der Ablauf klarer und bewusster, und Sie haben außerdem die Möglichkeit, im Nachhinein Vergleiche anzustellen und Wiederholungen auf die Spur zu kommen.

einfach eine Pille schlucken und weitermachen? Oder zu denen, die sich notgedrungen immer wieder krankschreiben lassen, aber die eigentliche Ursache zu verbergen versuchen? Oder gehören Sie zu denen, die einfach ihren Körper abspalten und das Spüren unterdrücken können?

Damit sind Sie nicht allein, das machen viele Frauen so. Im Job ist zumeist einfach kein Platz für Körper und Gefühle. Daher ist es nur zu verständlich, wenn eine Frau diese Seiten gar nicht mehr mit einbeziehen möchte, weil das – zumindest vordergründig – viel einfacher erscheint. Wenn Sie aber neugierig geworden sind und Ihre unterschiedlichen Phasen auch im Beruf besser kennen lernen und einsetzen möchten, kann das längerfristig zu einer großen Bereicherung nicht nur für Sie selbst, sondern auch für Ihre Arbeit führen.

Versuchen Sie einmal, trotz der äußeren Umstände Ihren Zyklus bewusst wahrzunehmen, die verschiedenen Phasen, die mit bestimmten Stimmungen und Fähigkeiten einhergehen, deutlich zu spüren. Probieren Sie herauszufinden, ob und wie Ihre jeweilige Verfassung mit dem Zyklus zusammenhängt. Es lohnt sich, denn mit der Zeit werden Sie sich selbst immer mehr spüren – und Sie werden stärker werden. Je mehr Seiten Ihres Wesens Sie auch im Beruf zulassen und ausleben können, desto kraftvoller und freudiger werden Sie Ihre Arbeit angehen und bewältigen können.

Jetzt möchte ich Ihnen gern noch eine ganze Reihe von Tipps geben, wie Sie sich an »Ihren Tagen« besser abgrenzen und gerade in dieser Zeit gut für sich sorgen können. Aber auch in allen anderen Zyklusphasen können Sie diese Anregungen natürlich in die Tat umsetzen. Greifen Sie einfach heraus, was Sie ganz persönlich anspricht – Sie werden sehen, es lohnt sich!

- Versuchen Sie, während der Blutung mehr bei sich zu bleiben – im Kontakt mit Ihrem Bauch. Das geht ganz gut, wenn Sie zwischendurch immer wieder einmal tief atmen oder eine kleine Arbeitspause einlegen, in der Sie sich leise vorsagen: »Ich bin jetzt ganz bei mir« oder »Das sind meine Tage«.
- Wenn Sie sich besser abgrenzen wollen, können Sie sich eine Art Schutzhülle vorstellen, die Sie umgibt. Malen Sie sich aus, dass während der Blutung niemand diese Grenze überschreiten kann. Auch wenn Sie mit anderen sprechen, bleibt diese Grenze bestehen. So können Sie sich Ihren ganz persönlichen Schutzraum schaffen, in dem Sie sich geborgen fühlen. Aus dieser Distanz heraus nehmen Sie vielleicht auch manches klarer wahr.
- Wenn Sie merken, dass Sie während Ihrer Tage ein bisschen schwerfälliger als sonst oder nicht so ganz da sind, verringern Sie das Tempo. Nehmen Sie sich ernst!
- Versuchen Sie – soweit Sie die Möglichkeit dazu haben – Stress zu vermeiden, indem Sie Termine so legen, dass Sie zumindest am Beginn der Blutung alles etwas ruhiger angehen, vielleicht sogar nur Routinearbeit erledigen können.
- Suchen Sie sich eine oder auch mehrere Frauen in Ihrem Arbeitsumfeld, mit denen Sie sich über Ihre Erfahrungen

mit dem Zyklus austauschen können. Es gibt so viel »Männerbünde« – verbünden Sie sich mit Ihren Arbeitskolleginnen!

- Vielleicht wird sich sogar herausstellen, dass Sie zur selben Zeit Ihre Tage haben. Auf jeden Fall können Sie sich gegenseitig unterstützen. Weibliche Solidarität ist ungemein wichtig und entscheidend, um Frauen in ihrem Arbeitsumfeld zu mehr Einfluss zu verhelfen.
- Gehen Sie während der Blutung mit dem Gedanken an die Arbeit: »Ich arbeite für mich, ich lebe mein ganzes Potenzial – zur Zeit bringe ich es eben in diese Firma ein.« Das setzt etwas in Ihnen in Bewegung: Sie werden sich Ihrer Kraft und Ihrer Fähigkeiten klarer bewusst und neugierig darauf, was Sie sonst noch alles können. So können Sie sich von dem alten Muster lösen, immer nur für andere da sein zu müssen, und bleiben auch hier bei sich.
- Setzen Sie auch im Job Ihre Intuition und die Kunst der Magie ein. Vielleicht sehen die Dinge ja plötzlich ganz anders aus, wenn Sie sie aus der »Innensicht« heraus betrachten. Dann erkennen Sie womöglich auch schneller, was zwischen den Zeilen steht, welche Hintergründe wichtig sind und was für Ihre Firma wirklich wesentlich ist. So kommen Sie vielleicht zu wichtigen Erkenntnissen, sehen Zusammenhänge und Lösungsmöglichkeiten, die für Ihre Firma sehr nützlich sein können.
- Nutzen Sie die Arbeitspausen für sich, schenken Sie sich selbst diese Zeit und lassen Sie sich nicht auf Geselligkeit ein, wenn Ihnen nicht danach ist. Träumen Sie ein biss-

chen, achten Sie auf Ihre Gedanken – es werden viele kommen. Lassen Sie Bilder und Visionen zu. In den Pausen zu träumen, zu meditieren oder in sich zu gehen wirkt sich übrigens auch sehr positiv auf die Arbeit aus. Gehen Sie allein spazieren oder legen Sie sich ein Weilchen hin, wenn Sie die Möglichkeit dazu haben. Atmen Sie tief und verbinden Sie sich mit Ihrem Körper. So können Sie den ganzen Tag über besser bei sich bleiben.

- Die Zeit der Blutung ist die Zeit der Wahrheit – auch im Job. Schließen Sie einmal in einer Pause an Ihrem Arbeitsplatz die Augen und versuchen Sie zu spüren, wie es Ihnen dort eigentlich geht. Was fühlt sich gut an, was löst eher Unbehagen aus? Sie werden es bald spüren.
- Schreiben Sie alles auf und gehen Sie die Punkte dann Schritt für Schritt durch. Lassen Sie sich Zeit dabei.
- Bedanken Sie sich innerlich oder auch direkt für das, was stimmt. Bei den problematischen Punkten gehen Sie zuerst die an, die Sie möglicherweise durch eigene Initiative verändern können (zum Beispiel Gehaltsforderung, Arbeitsplatzgestaltung, Arbeitszeit, persönliche Konflikte).
- Häufig können schon Kleinigkeiten das Arbeiten angenehmer machen. Oft ist auch viel mehr für Sie drin, als Sie denken. Spielen Sie einmal mit dem Gedanken, Grenzen auszutesten, mutig zu sein.
- Wenn Sie spüren, dass der Arbeitsplatz oder sogar der Beruf für Sie überhaupt nicht mehr stimmt, nehmen Sie das ernst, aber lassen Sie sich Zeit.
- Denn dann ist Veränderung ist angesagt. Horchen Sie in

sich hinein und versuchen Sie zu spüren, wo es Sie hinzieht – zu welcher Tätigkeit, welchen Menschen usw. Dann strecken Sie Ihre Fühler aus.

- Nutzen Sie auch im Job Ihre vertiefte Wahrnehmung und sammeln und konzentrieren Sie Ihre Kräfte während der Blutung.

Wenn Sie sich über Ihre Fähigkeiten im Zusammenhang mit der Arbeit erst einmal im Klaren sind, werden Sie mit der Zeit auch lernen, Ihre Stärken gezielt einzusetzen. Die Arbeit wird Ihnen leichter fallen, wenn Sie Ihren persönlichen Rhythmus und Ihre Stärken und Schwächen in Ihren Arbeitsalltag mit einbeziehen – und Sie werden sicher auch mehr Spaß daran haben.

Aber nicht nur privat und im Berufsleben kann uns ein neuer Umgang mit der Menstruation neue Kräfte erschließen. Der Zyklus der Frau kann sogar zu einer gesellschaftsverändernden Kraft werden.

Wir leben in einer Zeit des gesellschaftlichen Umbruchs, nichts ist mehr sicher. Wenn Frauen sich jetzt mit ihrer weib-

Gut zu wissen

Wenn das Tabu Menstruation erst einmal durchbrochen wird, bleibt kein Stein mehr auf dem anderen. Dann muss das Wertesystem der westlichen Welt ganz neu überdacht werden.

lichen Kraft verbinden und aufstehen, werden sie diesen Umbruch entscheidend mitgestalten. Sie können bisher wenig beachtete und geschätzte, aber ganz wesentliche Elemente des Lebens in die Gesellschaft einbringen: Geburt, Wachstum, vor allem inneres Wachstum und Persönlichkeitsentwicklung, Sexualität, Alter und Tod könnten so einen ganz neuen Stellenwert bekommen.

In der Zeit der Menstruation spüren Frauen diese Zusammenhänge und ihre Verbundenheit mit allem Leben oft deutlicher als sonst. Dann kann es auch zu tiefen Einsichten und Visionen kommen. Ein intensiveres Lebensgefühl und das Akzeptieren der zyklischen Phasen könnten das Streben nach materiellem Wachstum und die Sehnsucht nach äußerer Sicherheit stark relativieren. Denn wer sich mit der eigenen Natur aussöhnt, braucht keine großen Reichtümer und keine ewige Jugend mehr – er akzeptiert die Vergänglichkeit des Lebens. So könnten sich die Werte in unserer Gesellschaft grundlegend verschieben.

Innere Rückbindung an die Natur öffnet der Spiritualität Tür und Tor: Die Menschen erinnern sich daran, dass alles Lebendige miteinander verbunden und voneinander abhängig ist. Diese Einstellung macht jegliche Arroganz und autoritäre Machtausübung überflüssig. Wenn Frauen ihre magischen Kräfte einsetzen, um alles Lebendige miteinander zu verbinden und zu stärken, stärken sie zugleich auch das Miteinander, das Mitgefühl und die Liebe. Liebe und Tod sind die Themen, die Menschen wirklich in ihrer Tiefe berühren. Wenn Frauen ihre zyklische Kraft und ihr Wissen um Liebe, Magie,

Tod und Erneuerung in die Gesellschaft einbringen, dann wird das ungeheuer viel in Bewegung setzen.

Die Arbeitswelt wird menschlicher und lebendiger werden und mehr auf die natürlichen Rhythmen der Menschen eingehen. So kann aus Fremdbestimmung Eigenständigkeit, aus Konkurrenzdenken ein echtes Miteinander werden.

Frauen können die eher lineare Weltsicht der Männer um die zyklische Welt der Frau bereichern, was zu grundlegenden Veränderungen im Arbeitsbereich und im sozialen Gefüge führen wird.

Wenn Frauen ihre spirituellen Erfahrungen des Verbundenseins mit allem einbringen, werden sich auch Kirche und Religion verändern. Starre hierarchische Strukturen können sich auflösen, männliche und weibliche Elemente versöhnen. Das Leben an sich wird verehrt und die göttliche Kraft wieder in allem wahrgenommen – in der Natur und in uns selbst. Noch wird ja vor allem in der katholischen Kirche mit allen Mitteln versucht, Frauen vom Priesteramt fern zu halten – wohl nicht zuletzt aus Angst vor ihrer enormen spirituellen Kraft. Frauen, die einen Zugang zu dieser Kraft gefunden haben, werden auch das verändern.

Wenn Frauen ihre magisch-spirituellen Kräfte in die Gesellschaft einbringen, werden die Bereitschaft zum Miteinander, zur Konfliktlösung durch Kommunikation und der innere und äußere Frieden zunehmen. Anstelle der Suche nach Erfüllung im materiellen Bereich, in Konsum und Besitz, wird die Sinnfrage und damit die spirituelle Suche wieder mehr Raum einnehmen.

Frauen haben über Jahrtausende hinweg gezeigt, dass es auch ohne Krieg und Zerstörung geht. Erst mit dem Niedergang der weiblichen Kultur und der damit verbundenen Machtverschiebung nahmen Besitz- und Konkurrenzdenken immer mehr überhand und führten zu immer mehr Blutvergießen. Das einst mächtige weibliche Blut wurde gewissermaßen vom Blut der Schlachten abgelöst.

Das patriarchale System scheint von äußerem Wachstum wie Wirtschaftswachstum, Zerstörung, Krieg und Wiederaufbau zu leben. Das geht schon lange so und wiederholt sich immer wieder.

Das matriarchale System lebt von innerem Wachstum, Verwandlung und Erneuerung. Dieses System entspricht dem weiblichen Zyklus, in dem sich Monat für Monat dieses Geschehen wiederholt.

Jutta Voss betrachtet das Einbringen des weiblichen Zyklus in die Gesellschaft als politische Verantwortung und Herausforderung für die Frau. Wenn Frauen ihre eigene Gebärmutter heilen und wieder in ihrem ureigenen Zyklus schwingen, kann auch die »größere Gebärmutter«, nämlich Mutter Erde, wieder heil und ganz werden.[16]

Damit sind wir schon beim Ökofeminismus angekommen, der einen klaren Zusammenhang zwischen der Unterdrückung von Weiblichkeit und der Zerstörung der Natur sieht. Frauen, die ihre eigene Natur achten, achten und verehren auch die äußere Natur, ihre Gesetze und Rhythmen. Wenn sie aus dieser Haltung heraus aktiv werden, können sie Einfluss auf die gesamte Umweltpolitik nehmen.

Unser Gesundheitswesen steckt zur Zeit ebenfalls in einer großen Krise. Hier könnte die Frauengesundheitsbewegung ihre Haltung einer hohen Selbstverantwortung, bei der die Ärztin vor allem als Begleiterin im Heilungsprozess gesehen wird, mit einbringen. Frauen, die sich intensiv mit ihrer Menstruation beschäftigen, holen sich gewissermaßen ihre »Eigenmacht« wieder zurück. Das erfordert viel Mut, da sie bereit sein müssen, sich auf ihre ganze Lebendigkeit, ihr inneres Chaos einzulassen. Mit diesem Mut können sie wiederum anderen Frauen Mut machen. Wenn sie die Haltung der Selbstverantwortung im Gesundheitsbereich an andere weitergeben, wird sie auch gesellschaftlich relevant.

Frauen können durch einen neuen Umgang mit ihrem Zyklus und ihrer Menstruation stark und mächtig werden. Das soll jetzt keineswegs überheblich klingen, es ist einfach so. Denn ein tiefes Sich-Einlassen auf Zyklus und Menstruation kann eine Frau tief greifend verändern und ihr ihre Kraft bewusst machen.

Viele kraftvolle Frauen erzeugen jedoch ein enormes gesellschaftliches Kraftpotenzial, das nicht mehr zu übersehen und hoffentlich auch nicht mehr zu überhören ist. Durch die Auflösung des Tabus Menstruation kann es also letztlich zu grundlegenden Veränderungen in Sozialpolitik, Friedenspolitik, Umweltpolitik, Beschäftigungspolitik, Gesundheitspolitik, Kirche und Religion kommen.

Frauen hatten einst große gesellschaftliche und spirituelle Macht. Wenn sie heute die Erkenntnisse weitergeben, zu denen sie durch die Verbindung mit ihrem eigenen Zyklus und durch ihr Eingebundensein in die Zyklen der Natur gelangt sind, können sie zu inneren Leitfiguren werden.

Wenn Frauen diese Zusammenhänge wirklich spüren und sie sich bewusst machen, hören sie auch auf, Männern oder männlichen Verhaltensweisen nur um des Erfolges willen nachzueifern. Dann beginnen sie, loszulassen und ihrer Weiblichkeit zu vertrauen. Dadurch werden sie ungeheuer stark. Alles, was sie brauchen, wird ihnen zufließen. Sie werden ihren inneren Reichtum entdecken und, wenn sie das wollen, auch zu äußerem Reichtum kommen.

Durch die große innere Leere in der heutigen Gesellschaft können Frauen so gewissermaßen zu »Magneten« werden. Denn die Menschen in ihrer Umgebung spüren diese innere Kraft und suchen sie. Dann wird auch ihr Einfluss nach außen zunehmen. So kann weibliche Weisheit das Wertsystem in unserer Gesellschaft grundlegend verändern.

Möglicherweise sehnen sich auch manche Männer gerade heute, in einer Zeit hoher Verunsicherung danach, zu ihrer eigenen Lebendigkeit zurückzufinden. Denn viele Männer haben ebenfalls genug von Überforderung, Härte und Gewalt. Vielleicht brauchen sie jemanden, der ihnen sagt: »He, du darfst auch einmal nachlassen, loslassen, dich entspannen, deine Gefühle zulassen und spüren.«

Frauen, hört auf, eure Menstruation zu verstecken oder euch gar noch dafür zu schämen. Darin liegt ein ungeheuer mächtiges Potenzial. Nützt dieses Geschenk der Weiblichkeit!

Dadurch kommt ihr in eure Kraft. Es erfordert Mut, diesen Weg einzuschlagen. Wenn ihr ihn aber erst einmal betreten habt, werdet ihr es selbst spüren: Die Urkraft ist wie ein Sog, der euch anzieht, und zugleich wie eine Welle, die euch trägt.

Frauen, die in ihrer Kraft, mit ihrer Quelle verbunden sind, kann so gut wie nichts passieren. Sie strahlen diese Kraft aus.

Tipps zum Weiterkommen

Vielleicht hat Sie das Buch neugierig gemacht, und Sie haben Lust, sich noch intensiver mit Ihrer Weiblichkeit, Ihrer Gesundheit, Ihrer Heilung, Ihrem Zyklus und Ihrer Menstruation zu beschäftigen. Ich biete zu Mädchen- und Frauengesundheit, Selbstheilung und Menstruation Seminare, Vorträge, Film- und Diskussionsabende an. Gerne arbeite ich auch in Schulen und Jugendeinrichtungen und bei diversen Projekten zu diesen Themen.

Als Lebens- und Sozialberaterin und Beraterin zur Selbstheilung bei Frauenerkrankungen nach Methode Wildwuchs® (siehe nächste Seite) biete ich Einzelberatung bei verschiedenen Problemen und Gesundheitsstörungen an.

Mein Ansatz in der Beratung beruht auf der Basis innerer Bilder und Körperbotschaften. Ich möchte Menschen darin bestärken, Selbstfürsorge, Selbstachtung und Eigenmacht zu leben und Ihre ganz persönliche, innere Lösung zu finden.

»Jeder Mensch trägt das Wissen in sich, wie es zu einer Gesundheitsstörung gekommen ist, und trägt damit auch das Wissen in sich, wie Gesundheit wieder hergestellt werden kann. Ich als Beraterin begleite sie zu diesem Wissen.«

Bei gesundheitlichen Problemen besteht eine Beratung aus vier Sitzungen, Frauen von auswärts können auch eine Intensivberatung über ein Wochenende in Anspruch nehmen.

Bei persönlichen Fragen und Problemen wie z. B.: Kinderwunsch, Geburtsvor- und -nachbereitung, Entscheidungsfragen, Wünschen, Veränderungen u. a. biete ich auch einzelne Sitzungen an.

Nähere Infos finden Sie auf meiner Homepage. Bei Rückmeldungen und Anfragen wenden sie sich bitte an folgende Adresse:

Mag. Gabriele Pröll
Lynkeusgasse 28
1130 Wien
Österreich
Tel.: ++43-1-8022445
Mail: gabi.proell@chello.at
Internet: www.besthelp.at/proell

Weitere Unterstützung auf Ihrem Weg der Selbstheilung können Sie bei folgenden Stellen finden:

Bei Frauengesundheitszentren, von denen es im deutschen Sprachraum schon viele gibt. Dort wird auf der Basis der in diesem Buch beschriebenen Grundsätze weiblicher Heilung gearbeitet.

Beim Dachverband können Sie sich nach der Adresse des für Sie nächstgelegenen Zentrums erkundigen, wenn Sie sich für die Beratungsangebote interessieren. Diese Zentren können Ihnen auch entsprechende Ärztinnen und Fachleute im jeweiligen Bereich empfehlen.

Dachverband der
Frauengesundheitszentren
Goetheallee 9
37073 Göttingen
Tel.: ++49-551-487025

Adressen von Beraterinnen in Deutschland, Österreich und der Schweiz im Bereich Selbstheilung bekommen Sie auch über das Institut Wildwuchs, das von Angelika Koppe gegründet wurde, die selbst Frauen ausbildet. Dieser Ansatz zur Selbstheilung beruht auf der Arbeit mit inneren Bildern und Körperbotschaften. Sie leitet Frauen dazu an, Beschwerden auch in ihrer seelischen und spirituellen Dimension zu erfassen und eigene Wege zur Selbstheilung zu entwickeln.

Die Wildwuchs-Beratung ist bei allen Erkrankungen anwendbar, hat sich aber bei Gesundheitsstörungen wie Menstruationsbeschwerden, Endometriose, Zysten, Myomen, hormonelle Störungen, Migräne und Rückenschmerzen u. a. besonders bewährt. Mehr über diese sehr erfolgreiche Methode können Sie im Buch »Mut zur Selbstheilung« von Angelika Koppe und auf Ihrer Homepage nachlesen. Kontakt:

Institut Wildwuchs
Robert-Koch-Straße 116
65779 Kelkheim/Ruppertshain
Tel.: ++49-6174-639885
Mail: ak@angelikakoppe.de
Internet: www.angelikakoppe.de

Anmerkungen

Einleitung

1 E. E. Cummings © Hanser Verlag, München
2 Georg Winterer: *Menstruation als Tabu;* 1992, S. 11

Am Anfang war die Göttin

1 Adele Getty: *Göttin;* 1993, S. 6f.
2 Jutta Voss: *Das Schwarzmondtabu;* 1988, S 143
3 Luisa Francia: *Drachenzeit;* 1996, S. 40
4 Annegret Stopczyk: *Sophias Leib;* 1998, S. 167–182
5 Barbara Walker: *Das geheime Wissen der Frauen;* 1995, S. 964
6 ebd., S. 1028
7 Jutta Voss: *Das Schwarzmondtabu;* 1988, S. 57f.
8 *Etymologisches Wörterbuch des Deutschen;* 1999, S. 590
9 Luisa Francia: *Drachenzeit;* 1996, S. 35
10 Marija Gimbutas: *Die Sprache der Göttin: das verschüttete Symbolsystem der westlichen Zivilisation;* 1998
11 M. D. Pointek: *Das Tao der weiblichen Sexualität;* 1998, S. 202
12 A. Rees/B. Rees: *Celtic Heritage;* 1961, S. 47
13 Hazlitt, Bd 2, in: Barbara Walker: *Die geheimen Symbole der Frauen;* 2000, S. 42
14 Barbara Walker: *Die geheimen Symbole der Frauen;* 2000, S. 174
15 Barbara Walker: *Das geheime Wissen der Frauen;* 1995, S. 160
16 Margaret Minker: *Der Mondring;* 1996, S. 70
17 Barbara Walker: *Das geheime Wissen der Frauen;* 1995, S. 698
18 Jutta Voss: *Das Schwarzmondtabu;* 1988, S. 27

19 Barbara Walker: *Die geheimen Symbole der Frauen;* 2000, S. 364
20 Barbara Walker: *Das geheime Wissen der Frauen;* 1995, S. 699
21 Karl Beth: *Religion und Magie;* 1927, S. 212f.
22 Judith Schlehe: *Das Blut der fremden Frauen;* 1987, S. 67f.
23 Sabine Strasser: *Die Unreinheit ist fruchtbar;* 1994, S. 136–144
24 S. Seligmann: *Der böse Blick und Verwandtes. Ein Beitrag zur Geschichte des Aberglaubens aller Zeiten und Völker;* 1910, S. 93f.
25 Judith Schlehe: *Das Blut der fremden Frauen;* 1987, S. 106 u. 134
26 Rosemary L. Rodewald: *Magie, Heilen und Menstruation;* 1977, S. 42
27 Caryle Hirschberg/Marc Jan Barasch: *Spontanheilungen;* 1997, S. 400f.
28 D. P. Würth: *Menstruation and Spiritual Healing* in: Alternative and Complementary Therapies; 1076–2809, 1997, Vol. 3, Nr. 2, S. 115
29 Jutta Voss: *Das Schwarzmondtabu;* 1988, S. 53f.
30 *Etymologisches Wörterbuch des Deutschen;* 1999, S. 862, 885
31 Margaret Minker: *Der Mondring;* 1996, S. 74f.
32 Louise Lacey: *Lunaception;* 1981

Aufstieg und Niedergang der weiblichen Kultur

1 Johann Jakob Bachofen: *Das Mutterrecht;* 1861
2 Barbara Walker: *Das geheime Wissen der Frauen;* 1995, S. 1157
3 Luisa Francia: *Drachenzeit;* 1996, S. 26f.
4 Jutta Voss: *Das Schwarzmondtabu;* 1988, S. 75
5 Barbara Walker: *Die geheimen Symbole der Frauen;* 2000, S. 516
6 Sabine Hering/Gudrun Maierhof: *Die unpässliche Frau;* 1991, S. 14f.
7 Judith Schlehe: *Das Blut der fremden Frauen;* 1987, S. 14
8 Sabine Hering/Gudrun Maierhof: *Die unpässliche Frau;* 1991, S. 17
9 Penelope Shuttle/Peter Redgrove: *Die weise Wunde Menstruation;* 1988, S. 204; Luisa Francia: *Drachenzeit;* 1996, S. 29
10 Esther Fischer-Homberger: *Krankheit Frau und andere Arbeiten zur Medizingeschichte der Frau;* 1979, S. 54
11 Judith Schlehe: *Das Blut der fremden Frauen;* 1987, S. 17

12 Claudia Reuße/Martina Holler: *Menstruation;* 1988, S. 17
13 Penelope Shuttle/Peter Redgrove: *Die weise Wunde Menstruation;* 1988, S. 211f.
14 Judith Schlehe: *Das Blut der fremden Frauen;* 1987, S. 32
15 Barbara Walker: *Das geheime Wissen der Frauen;* 1995; S. 381f.
16 Esther Fischer-Homberger: *Krankheit Frau und andere Arbeiten zur Medizingeschichte der Frau;* 1979, S. 58
17 Ilse Lenz/Ute Luig: *Frauenmacht ohne Herrschaft. Geschlechterverhältnisse in nichtpatriarchalischen Gesellschaften;* 1990, S. 66
18 Starhawk: *Mit Hexenmacht die Welt verändern;* 1991, S. 21f.

Die Kraft hinter den Menstruationsbeschwerden

1 Regina Lederich in: *Die Menstruation in Selbsterfahrungs- und Gruppenprozessen* in: ZYKLA, 1987, S. 53
2 Reinhold Bergler: *Psychohygiene der Menstruation;* 1984, S. 109f.
3 ebd., 1984, S. 96f.; Erika Mahr: *Menstruationserleben: eine medizinpsychologische Untersuchung;* 1985, S. 144f.
4 Christina Lamertz u. a.: *PMS-Probleme vor der Regel;* 1998, S. 25f.
5 Adelheid Ohlig: *Luna-Yoga;* 1991, S. 46
6 Frauengesundheitsbericht Wien 1995, Na 57, S. 51
7 Christiane Northrup: *Frauenkörper – Frauenweisheit;* 1998, 29f.
8 Elke Berninger-Schäfer/Wolfgang Larbig: *Menstruationsschmerz;* 1996, S. 36
9 Susun S. Weed: *HeilWeise;* 1993, S. 16f.

Die eigene Urkraft entdecken

1 Leonora Carrington in: Jutta Voss: *Das Schwarzmondtabu;* 1988, S. 25
2 Luisa Francia: *Drachenzeit;* 1996, S. 65
3 Barbara Walker: *Das geheime Wissen der Frauen;* 1995, S. 698

4 Ernest Hartmann, zit. in: Penelope Shuttle/Peter Redgrove: *Die weise Wunde Menstruation;* 1988, S. 97

5 George Devereux, ebd., S. 256

6 Therese Benedek/Boris Rubinstein, ebd., S. 100f.

7 C. G. Jung: *Ueber psychische Energetik und das Wesen der Träume;* 1981

Der gemeinsame Weg zur weiblichen Fülle

1 Bruno Bettelheim: *Die symbolischen Wunden;* 1982, S. 196f.

2 Georg Winterer: *Menstruation als Tabu;* 1992, S. 186

3 ebd. S. 186

4 Verena Breuer: *Menstruationsblut zwischen Zauber und Ideologie;* 1995, S. 50

5 Georg Grodegg, zit. in: Verena Breuer: *Menstruationsblut zwischen Zauber und Ideologie;* 1995, S. 52

6 Georg Winterer: *Menstruation als Tabu;* 1992, S. 174

7 Erika Mahr: *Menstruationserleben: eine medizinpsychologische Untersuchung;* 1985, S. 155

8 Penelope Shuttle/Peter Redgrove: *Die weise Wunde Menstruation;* 1988, S. 88f.

9 Roland Franzes: *Menarcheverarbeitung und Menstruationserleben bei weiblichen Jugendlichen;* 1986, S. 80

10 Janice Delaney u. a.: *Menstruation. Die Kulturgeschichte eines Tabus;* in: Courage-Sonderheft 1, 1979, S. 87f.

11 Erich Püschel: *Die Menstruation und ihre Tabus;* 1988, S. 142

12 ebd. S. 142

13 Luisa Francia: *Drachenzeit;* 1996, S. 36

14 Judith Schlehe: *Das Blut der fremden Frauen;* 1987, S. 202

15 Emily Martin: *Die Frau im Körper;* 1989, S. 169

16 Jutta Voss: *Das Schwarzmondtabu;* 1988, S. 58

Literatur

Aliti, Angelika: *Die wilde Frau*. Hoffmann und Campe Verlag, Hamburg 1993

Awecker, Tanja: *Und sobald das Blut zu fließen beginnt*. Dipl.-Arbeit, Innsbruck 1998

Bachofen, J. J.: *Das Mutterrecht*. Suhrkamp, Frankfurt 1975

Bayer, Karin Maria: *»Das Leiden an der Menstruation«. Ein psychoanalytisch-psychosomatischer Deutungsversuch*. Dissertation, Salzburg 1988

Bergler, Reinhold: *Psychohygiene der Menstruation*. Verlag Hans Huber, Bern/Stuttgart/Wien 1984

Berninger-Schäfer, Elke; Larbig, Wolfgang: *Menstruationsschmerz*. Schaffauer Verlag, Stuttgart 1996

Beth, Karl: *Religion und Magie*. Verlag Teubner, Leipzig und Berlin 1927

Bettelheim, Bruno: *Die symbolischen Wunden*. Fischer Taschenbuchverlag, Frankfurt 1982

Blume, Angelika; Schneider, Sylvia: *Die Regel. Eine herbeigeredete Krankheit*. Mosaik Verlag, München 1984

Bornemann, Ernest: *Das Patriarchat*. Fischer Verlag, Frankfurt am Main 1989

Brantenberg, Gerd: *Die Töchter Egalias*. Verlag Olle & Wolter, Berlin 1980

Breitschmid, Beatrice: *Mondblut feiern – oder wie die Zürcherinnen zu ihren Menstruationshütten kamen*. Film, Zürich 1990

Breuer, Verena: *Menstruationsblut zwischen Zauber und Ideologie*. Dipl.-Arbeit, Innsbruck 1995

Brockhaus, F. A.: *Der kleine Brockhaus*. Wiesbaden 1961

Burckhardt, Theodor: *Menstruation und Psychosen*. In: Zentralblatt für Gynäkologie 1928, Nr. 43

Cohen, David: *Lexikon der Psychologie*. Heyne Verlag, München 1996
Corazza, Verena; Ernst, Andrea: *In der Regel. Wenn Menstruation Probleme macht*. Verlag Kiepenheuer & Witsch, Köln 1987
Crowley, Vivianne: *Naturreligion*. Goldmann Verlag, München 1998
Daly, Mary: *Gyn/Ökologie*. Verlag Frauenoffensive, München 1980
Delaney, Janice: *Menstruation. Die Kulturgeschichte eines Tabus*. In: Courage-Sonderheft 1, Courage Verlag 1979
Devereux, Georges: *Baubo – Die mythische Vulva*. Syndikat Verlagsgesellschaft, Frankfurt am Main 1981
Distler, Sonja: *Mütter, Amazonen & Dreifältige Göttinnen*. Picus Verlag, Wien 1989
Douglas, Mary: *Reinheit und Gefährdung*. Dietrich Reimer Verlag, Berlin 1985
Ehrenreich, Barbara; English, Deidre: *Hexen, Hebammen und Krankenschwestern*. Verlag Frauenoffensive, München 1986
Eliade, Mircea: *Schamanen, Götter und Mysterien*. Herder Verlag, Freiburg/Basel/Wien 1969
Eliade, Mircea: *Das Mysterium der Wiedergeburt*. Rascher Verlag, Zürich/Stuttgart 1961
Etymologisches Wörterbuch des Deutschen, München 1997
Feministisches Frauengesundheitszentrum Hagazussa e.V. Köln (Hrsg.): *Menstruation. Informationsbroschüre für Mädchen und Frauen*. Köln 1993
Fischer-Homberger, Esther: *Krankheit Frau und andere Arbeiten zur Medizingeschichte der Frau*. Verlag Huber, Bern/Stuttgart/Wien 1979
Francia, Luisa: *Mond. Tanz. Magie*. Verlag Frauenoffensive, München 1994
Francia, Luisa: *Drachenzeit*. Verlag Frauenoffensive, München 1996
Franzes, Roland: *Menarcheverarbeitung und Menstruationserleben bei weiblichen Jugendlichen*. Dissertation, Berlin 1986
Frauenselbsthilfeladen im 13. Mond: *Die vier Elemente der Weiblichkeit – die vier Stationen des Zyklus* in: Dachverband der selbstverwalteten Frauengesundheitsprojekte (Hrsg.), Berlin 1985

Gänszle, Renate: *Psychologische Faktoren der Dysmenorrhoe*. Dissertation, Wien 1984

Getty, Adele: *Göttin*. Kösel Verlag, München 1993

Gimbutas, Marija: *Die Sprache der Göttin: Das verschüttete Symbolsystem der westlichen Zivilisation*. Verlag Zweitausendeins, Frankfurt am Main 1998

Glatz, Elfriede; Krajic, Karl: *Frauen im Gesundheitssystem*. In: Bericht über die Situation der Frauen in Österreich, Bundesministerium für Frauenangelegenheiten/Bundeskanzleramt (Hrsg.), Wien 1995

Gniech, Gisela: *Blut ist ein ganz besonderer Saft*. Forschungsbericht, Universität Bremen 1987

Godwin, Malcolm: *Der heilige Gral*. Wilhelm Heyne Verlag, München 1996

Goethe, J. W.: *Farbenlehre*. Band 1. Verlag Freies Geistesleben, Stuttgart 1979

Göttner-Abendroth, Heide: *Die Göttin und ihr Heros*. Verlag Frauenoffensive, München 1993

Göttner-Abendroth, Heide: *Das Matriarchat*. Kohlhammer Verlag 1995

Gould Davis, Elizabeth: *Am Anfang war die Frau*. Verlag Frauenoffensive, München 1977

Graf, Andrea: *Zur Politik des Weiblichen*. Verlag für Gesellschaftskritik, Wien 1990

Gray, Miranda: *Roter Mond*. Heinrich Hugendubel Verlag, München 1996

Grützmacher, Iris: *Menstruationshygiene – ganz modern und ungesund*. Begleitschreiben zur Informationsbroschüre DIE VIVAS, Hilden 1994

Haas, Martina: *Tabuisierung der weiblichen Natur*. Dipl.-Arbeit, Kassel 1991

Harding, Esther: *Frauenmysterien einst und jetzt*. Rascher Verlag, Zürich 1949

Hegenbart, Rainer: *Wörterbuch der Philosophie*. Gondrom Verlag, Bindlach 1994

Hering, Sabine; Maierhof, Gudrun: *Die unpäßliche Frau*. Centaurus-Verlagsgesellschaft, Pfaffenweiler 1991

Hirschberg, Caryle; Barasch, Marc Ian: *Spontanheilungen*. Bechtermünz Verlag, Augsburg 1997

Hörstedt, Celeste: *Unberührbares Blut – Tabu Menstruation*. In: Schmelz, Bernd (Hrsg.), Holos Verlag, Bonn 1997

Joan: *Wohin mit dem Blut?* In: CLIO, Nr. 16/17 1981, S 46

Jung, Carl Gustav: *Über psychische Energetik und das Wesen der Träume*. Walter, Olten u. a. 1981

Kamenik-Kern, Helga: *Menstruation*. Dissertation, Innsbruck 1990

Kappus, Brigitte Johanna: *Die Menstruation in Selbsterfahrungs- und Gruppenprozessen*. Frauen-Land-Verlag, Dormettingen 1987

Koppe, Angelika: *Wo die Piranhas mit den Zähnen klappern*. Goldmann Verlag, München 2000

Krafft-Ebing, R. v.: *Die Bedeutung der Menstruation für das Zustandekommen geistig unfreier Zustände*. In: Separatabdruck aus Jahrbücher für Psychiatrie, X. Band, Heft 2 und 3, 1886

Kraus, Karin; Reinke, Gudrun: *Von der Pubertät bis zu den Wechseljahren*. Fischer Taschenbuch Verlag, Frankfurt 1996

Künkel, Barbara: *Ich bin in meinem Mond*. Iskopress, Hamburg 1991

Lacey, Luise: *Lunaception*. Schwarze Katz, Berlin 1974

Lamertz, Christina u. a.: *PMS-Probleme vor der Regel*. Mosaik Verlag, München 1998

Lenz, Ilse; Luig, Ute: *Frauenmacht ohne Herrschaft. Geschlechterverhältnisse in nichtpatriarchalischen Gesellschaften*. Orlanda Frauenverlag, Berlin 1990

Li, Christine; Krautwald, Ulja: *Der Weg der Kaiserin*. Scherz Verlag, München 2000

Lutz, Rüdiger: *Frauenzukünfte. Ganzheitliche feministische Ansätze, Erfahrungen und Lebenskonzepte*. Beltz Verlag, Weinheim und Basel 1984

Mahr, Erica: *Menstruationserleben: Eine medizinpsychologische Untersuchung*. Beltz Verlag, Basel 1985

Marmon, Edith: *Die erlösende Frau.* Xi'an Verlag, Augsburg 1995
Martin, Emily: *Die Frau im Körper. Weibliches Bewusstsein, Gynäkologie und die Reproduktion des Lebens.* Campus Verlag, Frankfurt/New York 1989
Meier-Seethaler, Carola: *Ursprünge und Befreiungen.* Fischer Taschenbuch Verlag, Frankfurt 1992
Minker, Margaret: *Der Mondring.* Deutscher Taschenbuch Verlag, München 1996
Müller, Heinrich: *Langenscheidts Taschenwörterbuch der lateinischen und deutschen Sprache.* Berlin 1962
Müller-Hess, Hans Georg: *Die Lehre von der Menstruation vom Beginn der Neuzeit bis zur Begründung der Zellenlehre.* In: Diepgen, Paul; Ruska, Julius; Schuster, Julius; Artelt, Walter (Hrsg.), Berlin 1938, Heft 27
Mulack, Christa: *Die Weiblichkeit Gottes.* Kreuz Verlag, Stuttgart 1983
Mulack, Christa: *Die Wurzeln weiblicher Macht.* Kösel Verlag, München 1996
Mulack, Christa: *Natürlich weiblich.* Kreuz Verlag, Stuttgart 1990
Nissim, Rina: *Naturheilkunde in der Gynäkologie.* Orlanda Frauenverlag, Berlin 1998
Nitsch, Hermann: *6-Tage-Spiel in Prinzendorf 1998.* Museum Moderner Kunst Stiftung Ludwig, Wien
Northrup, Christiane: *Frauenkörper – Frauenweisheit.* Verlag Zabert Sandmann, München 1999
Ohlig, Adelheid: *Luna-Yoga.* Mosaik Verlag, München 1991
Pardeller, Elke: *Der Zusammenhang zwischen Körpererleben, Einstellungen zur Menstruation und der prämenstruellen Dysphorischen Störung.* Dipl.-Arbeit, Salzburg 1996
Prömer, Barbara: *Der Einfluss des Menstruationszyklus auf die Befindlichkeit der Frau.* Dipl.-Arbeit, Salzburg 1993
Ptak-Wiesauer, Eva: *Männermenstruation bei Indianern des Oberen Amazonas.* In: Texte, 11. Jahrgang, Heft 2, 1991

Püschel, Erich: *Die Menstruation und ihre Tabus*. Schattauer, Stuttgart/ New York 1988

Redaktion für Philosophie des Bibliographischen Instituts (Hrsg.): *Meyers kleines Lexikon Philosophie*. Bibliographisches Institut, Mannheim/ Wien/Zürich 1982

Reuße, Claudia; Holler, Martina: *Menstruation*. Rowohlt Taschenbuch Verlag GmbH, Hamburg 1988

Rodewald, Rosemary L.: *Magie, Heilen und Menstruation*. Verlag Frauenoffensive, München 1977

Röder, Brigitte; Hummel, Juliane; Kunz, Brigitta: *Göttinnendämmerung*. Droemer Knaur, München 1996

Rousseau, Jean-Jacques in: Ballauf u.a.: *Emile oder Über die Erziehung. Eine Auswahl*. Meyer Verlag, Heidelberg 1967

Rühl-Thomas, Jutta: *Ein alternativer Therapieansatz bei Zyklusstörungen*. Diplomarbeit, München 1987

Schellhaas, Anja: *»Mondblutfeiern« – Menstruation als Thema der Frauengesundheitsbewegung*. Dipl.-Arbeit, Siegen 1995

Scheppers, Eva-Maria: *Subjektive Erfahrungen von Frauen mit den Erlebnisbereichen der Menarche und Menstruation*. Universität Bremen 1989

Schlehe, Judith: *Das Blut der fremden Frauen*. Campus Verlag, Frankfurt 1987

Schmidt-Matthiesen, H. (Hrsg.): *Gynäkologie und Geburtshilfe*. Schattauer Verlagsgesellschaft mbH, Stuttgart/New York 1992

Schneider, Avil: *Frauenbeschwerden natürlich behandeln*. Gräfe und Unzer, München 1995

Schörkl, Ulrike: *Weiblichkeit und Menstruation. Frauenbluten*. Dipl.-Arbeit, Linz 1995

Schröter, Marion: *Das diskrete Tabu*. Otto Maier Verlag, Ravensburg 1984

Schwarzer, Alice: *So fing es an!* Emma Frauenverlag, Köln 1981

Seligmann, S.: *Der böse Blick und Verwandtes. Ein Beitrag zur Geschichte des Aberglaubens aller Zeiten und Völker*. Hermann Barsdorf Verlag, Berlin 1910

Shuttle, Penelope; Redgrove, Peter: *Die weise Wunde Menstruation*. Fischer Verlag, Frankfurt am Main 1988

Sieverding, Monika: *Geschlechtsrollenproblematik und Konflikte mit der Sexualität bei Frauen mit Menstruationsbeschwerden*. Dipl.-Arbeit, Marburg 1982

Starhawk: *Der Hexenkult*. Verlag Hermann Bauer, Freiburg 1983

Starhawk: *Mit Hexenmacht die Welt verändern*. Verlag Hermann Bauer, Freiburg 1991

Starhawk; Valentine, Hilary: *Die zwölf wilden Schwäne*. Verlag Hermann Bauer, Freiburg 2001

Stopczyk, A.: *Sophias Leib*. Carl-Auer-Systeme Verlag, Heidelberg 1998

Strasser, Sabine: *Die Unreinheit ist fruchtbar*. Dissertation, Wien 1994

Voss, Jutta: *Das Schwarzmondtabu*. Kreuz Verlag, Zürich 1988

Walker, Barbara G.: *Das geheime Wissen der Frauen*. Deutscher Taschenbuch Verlag, München 1995

Walker, Barbara G.: *Die geheimen Symbole der Frauen*. Heyne Verlag, München 2000

Waschek, Renate: *Dieses kleine Stück Watte … Werbung und Tabu am Beispiel der Werbung für Binden & Tampons*. Werner Pieper's MedienXperimente, Löhrbach 1995

Weed, Susun S.: *HeilWeise*. Verlag Frauenoffensive, München 1996

Wesel, Uwe: *Der Mythos vom Matriarchat*. Suhrkamp Taschenbuch, Frankfurt am Main 1980

Winterer, Georg: *Menstruation als Tabu*. Roland Asanger Verlag, Heidelberg 1992

Wirth, D. P.: *Menstruation and Spiritual Healing*. In: *Alternative and complementary Therapies*. 1076–2809, 1997, Vol. 3, Nr. 2, S. 115

Wissenschaftlicher Rat der Dudenredaktion (Hrsg.): *Duden Fremdwörterbuch*. Bibliographisches Institut, Mannheim/Wien/Zürich 1982

Woschnak, Werner: *Biologische Erziehung des Menschengeschlechts?* In: Klein, Hans-Dieter; Reikersdorfer, Johann (Hrsg.), Peter Lang Verlag, Frankfurt am Main/Bern/New York/Paris/Wien 1993

Zehentbauer, Josef: *Körpereigene Drogen*. Artemis & Winkler, München 1992

Zinn-Thomas, Sabine: *Menstruation und Monatshygiene*. Waxmann, Münster/New York/München/Berlin 1997

Zöchling, Elisabeth: *Magische und spirituelle Aspekte in der Kunst von Frauen*. Hausarbeit, Wien 1989

Literaturempfehlungen

Sexbuch nur für Frauen

Susan Quilliam, Mosaik Verlag, München 1997
Sehr praxisorientiert werden hier alle wesentlichen Punkte zum Thema weibliche Sexualität, Sexualentwicklung, Zyklus, Krankheiten, Wechseljahre und Weiblichkeit beschrieben. Die Autorin erläutert den Sitz der erogenen Zonen und gibt Tipps, wie frau sich selbst oder den Partner lustvoll zum Höhepunkt bringen kann, nimmt aber auch sexuelle Probleme und das weibliche sexuelle Potenzial detailliert unter die Lupe. Obwohl im Titel »nur für Frauen« steht, ist das Buch doch heterosexuell ausgerichtet und ist somit auch für Männer durchaus interessant.

Im Rhythmus des Mondes

Arnold Lieber, Verlag Econ & List, München 1997
Der Autor beschreibt, wie der Mond sich auf unsere körperlichen Empfindungen und auf unsere Gefühlswelt auswirkt. Wissenschaftlich fundiert erklärt er, wie eng wir mit dem Mond verbunden sind und wie stark wir seinen Einflüssen unterliegen.

Die Göttin und ihr Heros

Heide Göttner-Abendroth, Verlag Frauenoffensive, München 1993
Ein kulturhistorischer Abriss, der wichtige Informationen und Fakten über die unterschiedlichsten Göttinnen vermittelt. Die Autorin rekonstruiert die Blütezeit der verdrängten, verdeckten und vergessenen matriarchalen Religionen früherer Zeiten.

Das geheime Wissen der Frauen

Barbara G. Walker, Deutscher Taschenbuch Verlag, München 1995
Eine Enzyklopädie, die sich mit der ursprünglichen Vorherrschaft der Frau in Mythologie, Religion, Geschichte, Sexualität, Sprache, Kunst und Kultur auseinander setzt. Ein enorm umfangreiches und fachlich sehr fundiertes Buch.

Hexenmedizin

Claudia Müller-Ebeling, Christian Rätsch, Wolf-Dieter Storl, AT Verlag, Stuttgart 1998
Dieses Buch setzt sich detailliert mit dem fast schon in Vergessenheit geratenen Wissen der Hexenheilkunst auseinander. Ein umfassendes Werk: Spannend zu lesen und sehr informativ, öffnet es die Tür zum lange verdrängten und unterdrückten Wissen der Heilerinnen aus dem Mittelalter.

Die geheimen Symbole der Frauen

Barbara G. Walker, Heyne Verlag, München, Erstausgabe 2000
Barbara Walker beschreibt in über 700 Stichwörtern und mit vielen Illustrationen spirituelle Symbole aus frühen weiblichen Kulturen. Eine Fundgrube für Frauen, die sich intensiv mit der Symbolik weiblicher Spiritualität beschäftigen wollen.

Das Tao der weiblichen Sexualität

Maitreyi D. Pointek, O. W. Barth Verlag, Bern 1998
Ein wunderschönes Praxisbuch, das es Frauen ermöglicht, mehr Verantwortung im sexuellen Bereich zu übernehmen, die eigenen Bedürfnisse kennen zu lernen und alte seelische Verletzungen zu heilen. Die Autorin setzt sich intensiv mit der Gebärmutter auseinander und bietet Übungen an, die Frauen darin unterstützen können, die Gebärmutter als nährende Kraftquelle zu erleben.

Frauenkörper – Frauenweisheit

Dr. med. Christiane Northrup, Zabert Sandmann Verlag, München 1999
Ein umfassendes Werk über Körper und Geist der Frau. Die Autorin geht nicht nur sehr fachkundig auf den weiblichen Körper, sondern auch auf die weibliche Spiritualität ein. Für Frauen, die sich wirklich intensiv mit dem Thema Weiblichkeit und neuen Methoden der Heilung beschäftigen wollen, eine echte Bereicherung.

Frau

Natalie Angier, C. Bertelsmann Verlag, München 2000
Ein ausgesprochen witziges und noch dazu sehr umfangreiches Buch zum Thema Frau. Auf jeder Seite findet frau etwas zum Lachen oder zumindest zum Schmunzeln – so intelligent und trotzdem humorvoll schreibt Natalie Angier.

HeilWeise

Susun S. Weed, Verlag Frauenoffensive, München 1996
Susun S. Weed analysiert die unterschiedlichen Heiltraditionen und stellt ihnen die uralte Methode der Weisen Frau gegenüber, die in Zyklen lebt, denkt und heilt. Die Weise Frau verbündet sich mit der Natur, statt sie zu bekämpfen. Die Autorin vermittelt Anregungen, besser auf das eigene Körperempfinden zu achten und nicht erst zu handeln, wenn der Körper bereits krank ist.

Durchatmen – Aufatmen

Rosemarie Dröschel, Astrid Feuser, Verlag Hermann Bauer, Freiburg 2001
34 leicht durchführbare Atemübungen helfen, im richtigen Moment die richtigen Atemzüge zu machen – ohne großen Zeitaufwand, ohne lange Einführung. Die Anweisungen sind leicht verständlich und können ohne jegliche Vorkenntnisse sofort in die Praxis umgesetzt werden. 27 Farbfotos und 22 Zeichnungen verdeutlichen, worauf es beim Üben ankommt.

Yoga mit den Mondphasen

Adelheid Ohlig, Knaur Verlag, München 2000
Die Übungen in diesem Buch lassen sich nach dem Stand des Mondes auswählen, sind aber auch den einzelnen Sternzeichen zugeordnet. Alle Übungen sind anschaulich illustriert, einfach beschrieben und gut nachvollziehbar.

Aphrodites Töchter

Diana Ecker, Kösel Verlag, München 2001
Die Autorin setzt sich hier intensiv mit sexuellen Störungen auseinander. Sie erläutert, was eigentlich darunter zu verstehen ist und wo die Ursachen liegen könnten. Darüber hinaus lässt sie auch allerlei Wissenswertes über die männliche Sexualität mit einfließen und erklärt, wie frau den eigenen Körper am besten kennen lernen kann.

Das Schwarzmondtabu

Jutta Voss, Kreuz Verlag, Zürich 1988
Die kulturelle Bedeutung des weiblichen Zyklus wird hier ausführlich dargestellt. Ein spannendes Buch über die einst schöpferische Macht des weiblichen Blutes, über das zyklische Weltbild und die Bedeutung des Wildschweins als Symbol für weibliche Macht.

Drachenzeit

Luisa Francia, Verlag Frauenoffensive, München 1996
Luisa Francia zeigt in diesem Buch, wie die Menstruation mit Drachenkämpfen, Sagen, Märchen und Mythen zusammenhängt. Sie gibt auch eine Menge Anregungen, wie Frauen wieder zur Magie und Kraft ihres Blutes finden können.

Naturheilkunde in der Gynäkologie

Rina Nissim, Orlanda Frauenverlag, Berlin 1998
Nissim erläutert hier schulmedizinische Behandlungsmethoden zu sämtlichen Frauenbeschwerden und stellt ihnen die »sanfte Medizin« gegenüber. Frauen finden in diesem Buch eine Vielzahl von Möglichkeiten, wie sie sich selbst mit Naturheilmitteln, Heilpflanzen, Ernährung und Entspannung helfen können.

Roter Mond

Miranda Gray, Hugendubel-Verlag, München 1996
Dieses Buch zeigt, wie Frauen in der heutigen Zeit mit den Energien ihres menstruellen Zyklus auf angemessene Weise umgehen und diese Kraft auf kreativer, sexueller und spiritueller Ebene einsetzen können.